大國塑造

人民日報海外版《望海樓》專欄　編

百年未有大變局下的中國擔當

全國政協委員、人民日報海外版原總編輯

王樹成

這是一個最好的時代，這是一個巨變的時代。

對中國來說，經過長期努力，中國特色社會主義進入了新時代，這是中國發展新的歷史方位。中華民族迎來了從站起來、富起來到強起來的偉大飛躍，中國正處於和平崛起的關鍵階段。

對世界來說，不爭的事實是，國際力量對比正發生深刻變革。世界正發生的大變局，或說「前所未有」「五百年未有」，或說「數百年未有」「百年未有」，無不彰顯大變局的歷史性、深刻性。

百年變局之下，二〇一七年尤為值得關注。

這一年，對中國來說，是黨和國家事業發展中極不平凡的一年。特別是黨的十九大勝利召開，習近平新時代中國特色社會主義思想寫入黨章，開啟了全面建設社會主義現代化國家新征程。

這一年，國際形勢繼續經歷深刻變革與調整，反全球化思潮泛起，單邊主義者傾向加劇，世界再次站到了一個充滿不確定性的歷史關頭。

時候來了，時代到了。

當世界的不確定性，遇上了中國的穩中有進、持續向好，國際目光自然轉向中國。適時向世界講述中國故事、貢獻中國智慧、提出中國方案，對中國來說，順理成章，水到渠成。

面對紛繁複雜的國際形勢，《人民日報海外版》高度重視傳播手段建設和創新，不斷提高新聞輿論傳播力、引導力、影響力、公信力，始終踐行習近平總書記「講述好中國故事，傳播好中國聲音」的重要指示。講述好中國故事，我們有《中國故事》版、「中國故事工作室」等版面和媒體融合工作室。傳播好中國聲音，我們有《望海樓》專欄、俠客島、學習小組等老品牌、新品牌。

過去五年，中國何以取得歷史性成就、歷史性變革？未來多年，中國何以強起來？二○一七年十月召開的中共十九大給出了最好的回答，中華民族走向偉大復興的「大道」盡在其中。當前，學習貫徹落實習近平新時代中國特色社會主義思想和十九大精神，是全黨全國的最大政治任務。

黨的十八大以來，在以習近平同志為核心的黨中央堅強領導下，中國特色大國外交成果豐碩。全面推進中國特色大國外交，形成全方位、多層次、立體化的外交布局，為中國發展營造了良好外部條件。實施共建「一帶一路」倡議，發起創辦亞洲基礎設施投資銀行，設立絲路基金，舉辦首屆「一帶一路」國際合作高峰論壇、亞太經合組織領導人非正式會議、二十國集團領導人杭州峰會、金磚國家領導人廈門會晤、亞信峰會。宣導構建人類命運共同體，促進全球治理體系變革。

而在中國日益走近世界舞臺中心的過程中，《望海樓》專欄始終緊跟時代步伐。僅以去年以來為例——

二○一七年初，習近平在達沃斯世界經濟論壇年會和聯合國日內瓦總部發表重要演講，發出推進經濟全球化進程再平衡、共同構建人類命運共同體的倡議。《望海樓》專欄及時跟進，刊發《習近平為世界經濟開出中國藥方》《萬國宮演講發出時代強音》等解讀。

「一帶一路」國際合作高峰論壇、金磚國家領導人廈門會晤、博鰲亞洲論壇二〇一八年年會等主場外交的成功舉辦，《望海樓》也第一時間發聲，配發《「一帶一路」：中國獻給世界的禮物》《中國智慧照亮第二個「金色十年」》《時代之問的中國答卷》等權威評論。

而在印軍越界、中美貿易摩擦、半島局勢等熱點敏感問題上，《望海樓》敢於交鋒亮劍，發出了響亮的中國聲音，彰顯了鮮明的中國立場，闡釋了明確的中國主張。《中國主權權益不容侵犯》《「紙老虎」從來嚇不倒中國》《半島和平與中國努力密不可分》等多篇文章被西方主流媒體引用解讀，成為境外轉引熱點。

現在，《望海樓》專欄將二〇一七年以來的精要文章，結集成書，名為《中國塑造力》。「塑造力」的說法，出自中共十九大報告。報告在總結過去五年的工作和歷史性變革時指出，中國國際影響力、感召力、塑造力進一步提高，為世界和平與發展作出新的重大貢獻。

從影響力、感召力到「塑造力」，強調的是中國方案向國際共識、國際行動的轉化，突出的是從地方性、國別性特殊經驗到世界性普遍規律的昇華。

因此，如果要尋找一個詞，概括十八大以來中國外交展現的新變化，「塑造力」無疑是恰切的。這種「塑造力」，也是百年未有大變局下的中國擔當。

此書已交於讀者面前，期待方家指正。二〇一八年是中國改革開放四十週年，也是全面貫徹中共十九大精神的開局之年。關於「中國為什麼能」的討論將不斷湧現，希望這本小書可以為所有有意探尋此命題答案的讀者，帶來些許啟示。

相信，讀懂這些文章，利於讀懂新時代，利於讀懂新時代的中外關係，利於增強「四個自信」，利於凝聚全國各族人民為中華民族偉大復興中國夢而努力奮鬥。

是為序。

目錄
CONTENTS

序

中國特色社會主義進入新時代

不斷貢獻中國智慧和力量

中國開放的大門不會關閉只會越開越大

構建人類命運共同體

積極促進「一帶一路」國際合作

任何人不要幻想讓中國吞下損害自身利益的苦果

積極發展全球夥伴關係

堅持「一國兩制」，推進祖國統一

中國特色社會主義進入新時代

新時代中國外交突顯「塑造力」

蘇曉暉

中共十九大報告在總結過去五年的工作和歷史性變革時指出，中國國際影響力、感召力、塑造力進一步提高，為世界和平與發展作出新的重大貢獻。與此相應，英國劍橋大學政治與國際研究系高級研究員馬丁・雅克在中共十九大召開之際發來賀電表示，中國在國際舞臺上越發自信，正在成為新型全球化的塑造者。

相比「影響力」和「感召力」，「塑造力」更清晰地顯示出中國的國際議程設置權空前增強，國際規則制定權顯著擴大，國際事務話語權大幅提升，也意味著中國正在積極主動參與國際事務，展現出大國使命和擔當。

中國的塑造力基於自身發展的突破。中共十八大以來的五年，中國取得了改革開放和社會主義現代化建設的歷史性成就。國家經濟實力、科技實力、國防實力、綜合國力進入世界前列。

中國的塑造力源自中國共產黨的初心。中國共產黨是為中國人民謀幸福的政黨，也是為人類進步事業而奮鬥的政黨。中國共產黨始終把為人類作出新的更大的貢獻作為自己的使命。

中國的塑造力順應中國發展的新的歷史方位。中共十九大報告宣示，中國特色社會主義進入了新時代。這個新時代，將見證中國不斷走近世界舞臺中央。

進入新時代，中國的塑造力將集中體現在中國特色大國外交的總目標上，即推動構建新型國際關係，推動構建人類命運共同體。

中共十九大報告指出，世界面臨的不穩定性不確定性突出，人類面

臨許多共同挑戰。例如，世界經濟增長動能不足，貧富分化日益嚴重，地區熱點問題此起彼伏，恐怖主義、網路安全、重大傳染性疾病、氣候變化等非傳統安全威脅持續蔓延等。

構建新型國際關係是中國對國際關係的重要設計。事實上，構建新型國際關係已成為中共十八大以來中國外交的主線。中共十九大報告進一步豐富了新型國際關係的內涵，明確了相互尊重、公平正義、合作共贏三重要義，為各國提供和諧相處、共謀發展的全新思路和選擇。

構建人類命運共同體體現了中國對世界格局的議程設置。中共十九大報告闡釋了人類命運共同體的內涵，即建設持久和平、普遍安全、共同繁榮、開放包容、清潔美麗的世界。

為塑造更美好的世界，中國首先以身作則，堅定奉行獨立自主的和平外交政策，積極發展全球夥伴關係，堅持對外開放的基本國策，秉持共商共建共享的全球治理觀。同時，中國重視國際公平正義，宣導國際關係民主化，堅持國家不分大小、強弱、貧富一律平等，支持聯合國發揮積極作用。中國還特別關注發展中國家在國際事務中的代表性和發言權的擴大和提升。

在新時代，中國將繼續作為國際形勢的穩定之錨、世界增長的發動機、和平發展的正能量、全球治理的新動力，以中國智慧、中國方案和中國力量為全人類發展作出更大貢獻。

作者為中國國際問題研究院國際戰略研究所副所長
原刊於《人民日報海外版》（2017年10月23日第1版）

新時代的行動指南

葉小文

十月十八日，中共十九大開幕。這個日子，這個國家，這個黨，舉世矚目。「中國，強國崛起」，世界「進入了中國世紀」，這是海外媒體的判斷。

為什麼中國「強起來」的力量與日俱增，「強起來」的趨勢不可阻擋，「強起來」的前景更加看好？首先就因為，在引領中國前進的旗幟上，指導思想熠熠生輝。

一個大國要崛起，其指導思想，必須具有引領崛起之偉力。回想從辛亥革命以來，我們中華民族在艱難曲折中昂揚奮起，一代接一代思想者前仆後繼、殫精竭慮、艱苦探索，都是要找到一條正確道路、一個正確的指導思想。

中國共產黨作為馬列主義政黨，高度重視理論建設和理論指導，強調理論必須同實踐相統一。在中國從站起來、富起來到強起來的偉大實踐中，中共不斷推進理論創新，拓展新視野，作出新概括，開創馬克思主義中國化的新境界。中國特色社會主義道路，是中國共產黨在改革開放的歷史進程中開闢出來的，是改革開放以來黨的全部理論和實踐的主題，是黨和人民歷盡千辛萬苦、付出巨大代價取得的根本成就，是實現國家富強、人民幸福、民族復興的唯一正確道路。

黨的十八大以來的五年，是黨和國家發展進程中極不平凡的五年，改革開放和社會主義現代化建設取得了歷史性成就。五年來，以習近平同志為核心的黨中央迎難而上、開拓進取，革故鼎新、勵精圖治，以巨大的政治勇氣和強烈的責任擔當，進行具有許多新的歷史特點的偉大鬥

爭，提出一系列新理念新思想新戰略，出臺一系列重大方針政策，推出一系列重大舉措，推進一系列重大工作，解決了許多長期想解決而沒有解決的難題，辦成了許多過去想辦而沒有辦成的大事，推動黨和國家事業發生歷史性變革。

黨的十九大報告提出中國特色社會主義進入新時代，這是對黨和國家發展歷史方位的精闢概括。新時代催生新理論，新理論引領新實踐。以習近平同志為主要代表的中國共產黨人，進行著劃時代的理論創新、實踐創新，創立了習近平新時代中國特色社會主義思想。這是馬克思主義中國化的最新成果，是中國共產黨人新時代的精神支柱和力量源泉，是我們必須遵循的行動指南。這是十九大最大的亮點，是對黨的發展的歷史性貢獻。

習近平新時代中國特色社會主義思想，開闢了馬克思主義新境界、中國特色社會主義新境界、治國理政新境界、管黨治黨新境界。黨的十九大把習近平新時代中國特色社會主義思想確立為黨必須長期堅持的指導思想，實現了黨的指導思想又一次與時俱進，具有重大的政治意義、理論意義、實踐意義。

世界將會看到，在習近平新時代中國特色社會主義思想的指引下，中國「強起來」的趨勢更加不可阻擋。

作者為本報特約評論員、中共十八屆中央委員
原刊於《人民日報海外版》（2017年10月19日第1版）

讀懂主要矛盾，讀懂新時代

石建勳

習近平總書記在十九大報告中莊嚴宣布：經過長期努力，中國特色社會主義進入了新時代，這是中國發展新的歷史方位。

正確認識和把握「中國特色社會主義進入新時代」的深刻內涵，就必須搞清楚中國的基本國情，搞清楚新時代國情和世情究竟發生了哪些複雜深刻的變化。習近平在報告中明確提出，中國社會主要矛盾已經轉化為人民日益增長的美好生活需要和不平衡不充分的發展之間的矛盾。

經過改革開放近四十年的快速發展，量變引起質變，中國社會主要矛盾兩個方面的內涵和外延都發生了深刻變化。新時代人民群眾的需要已經從「物質文化需要」轉化到「美好生活需要」，「落後的社會生產」轉化到「不平衡不充分的發展」。

對主要矛盾發生轉化的重大判斷是關係全域的歷史性重大判斷，說明中國共產黨領導全國各族人民在社會主義征程的偉大實踐中，已經解決了人民日益增長的物質文化需要同落後的社會生產之間的矛盾。舊的矛盾解決了，新的矛盾接著出現。中共的歷史就是不斷地深刻認識和判斷社會主要矛盾，團結帶領中國人民戰勝一切困難，不斷解決中國社會主要矛盾、從勝利走向勝利的的歷史。

十九大報告對中國社會主要矛盾作出的重大判斷，意義在於：

第一，對「人民日益增長的美好生活需要」的判斷，意義非凡。這一判斷有助於黨和國家更加全面分析和把握多方面、多樣化、個性化、多變性、多層次的人民需要，這對於更好地堅持「以人民為中心」的指導思想，不斷滿足人民群眾追求美好生活的各項需求，與時俱進地研究

分析人民群眾需要的時代特點和演變發展規律，制定具體的路線、方針、政策和戰略有重要的理論意義和實踐意義。

第二，對「不平衡不充分的發展」的判斷，鮮明深刻。這一判斷實事求是地反映了新時代中國特色社會主義主要矛盾的主要問題，即發展的不平衡不充分的問題。從當前和今後很長時期來看，要解決這一問題，只能通過創新發展、協調發展、綠色發展、開放發展和共享發展，大力提升發展品質和效益，在發展中更加注重社會公平，不斷消除地區差距、收入差距和城鄉差距，努力讓全體人民共享改革開放和發展的成果。

第三，對中國社會主要矛盾作出的歷史性重大判斷，是中共堅持實事求是、與時俱進、理論聯繫實際的重大理論創新，為習近平新時代中國特色社會主義思想提供了強大的理論基礎，為制定黨的路線、方針、政策和戰略提供了理論依據。

讀懂主要矛盾，也就讀懂了新時代。這個新時代，是全國各族人民團結奮鬥、不斷創造美好生活、逐步實現全體人民共同富裕的時代。新時代的中國，必將創造更輝煌的成就。

作者為同濟大學財經研究所所長、
上海市中國特色社會主義理論體系研究中心特約研究員
原刊於《人民日報海外版》（2017年10月20日第1版）

歷史的選擇　人民的選擇
全黨的選擇

韓慶祥

中共十九大審議並一致通過《中國共產黨章程（修正案）》，習近平新時代中國特色社會主義思想寫入黨章。這是歷史的選擇、人民的選擇、全黨的選擇，具有重要而深遠的意義。

習近平新時代中國特色社會主義思想寫入黨章，是時代的需要，具有重要而深遠的時代意義。時代是思想之母。習近平強調：「當前，全黨面臨的一個重要課題，就是如何正確認識和妥善處理中國發展起來後不斷出現的新情況新問題」，「現在，我們遇到的問題」「大量是新出現的問題」。自從中國成為世界第二大經濟體、尤其是中國特色社會主義進入新時代以後，中國總體上步入了「發展起來」時期。習近平新時代中國特色社會主義思想，鮮明體現了新時代的時代邏輯及其本質特徵，它在本質上是一種實現中華民族偉大復興的理論，是建設社會主義現代化強國的行動指南。

習近平新時代中國特色社會主義思想寫入黨章，是實踐發展的需要，具有重要而深遠的實踐意義。實踐是理論之源。習近平新時代中國特色社會主義思想是基於對黨情國情世情的科學研判而提出的，黨情國情世情是這一思想的現實依據。當今中國正處在社會結構調整、主要矛盾轉化、各種利益博弈階段，黨和人民正致力於實現中華民族偉大復興；尤其是當今人民對美好生活的需要日益增長，而中國的發展不平衡不充分。在這種情況下，社會主要矛盾就轉化為人民日益增長的美好生活需要和不平衡不充分的發展的矛盾。習近平新時代中國特色社會主義思想，就是在對社會主要矛盾如何認識和處理，對新時代堅持和發展什

麼樣的中國特色社會主義、怎樣堅持和發展中國特色社會主義這些重大時代課題的解答中形成的。

習近平新時代中國特色社會主義思想寫入黨章，是進一步推進馬克思主義中國化、在新時代堅持和發展中國特色社會主義理論體系的需要，具有重要而深遠的理論意義。習近平新時代中國特色社會主義思想是對馬克思列寧主義、毛澤東思想、鄧小平理論、「三個代表」重要思想、科學發展觀的繼承和發展。習近平新時代中國特色社會主義思想獨具風格、自成體系，但並不是從天上掉下來的，它仍然歸屬於特定的「理論譜系」。它既「不忘初心」，又「繼續前進」，不忘本來，開闢未來。馬克思主義是一個「有機的理論總體」，習近平新時代中國特色社會主義思想是這個「總體」中的組成部分，寫出了科學社會主義的「新版本」，寫出了中國特色社會主義理論體系的「新篇章」。

習近平新時代中國特色社會主義思想寫入黨章，可以提高共產黨人貫徹落實習近平新時代中國特色社會主義思想的自覺性和堅定性，統一全黨的思想和行動，具有重要而深遠的政治意義。它可使中國共產黨人更加堅定不移地高舉中國特色社會主義偉大旗幟，更加堅定不移地走中國特色社會主義道路，更加堅定「四個自信」、增強「四個意識」。

習近平新時代中國特色社會主義思想寫入黨章，也具有重要而深遠的世界意義。這一思想拓展了發展中國家走向現代化的途徑，給世界上那些既希望加快發展又希望保持自身獨立性的國家和民族提供了全新選擇，為解決人類問題貢獻了中國智慧和中國方案，進而推進人類社會發展和世界社會主義發展。

總之，十九大一致同意將習近平新時代中國特色社會主義思想寫入黨章，體現了歷史必然性、價值合理性、人類道義性，體現了全黨統一意志，更體現了民心民意。

作者為中央黨校校委委員、中央黨校副教育長兼科研部主任
原刊於《人民日報海外版》（2017年10月25日第1版）

嶄新的歷史從這裡出發

葉小文

金秋十月，中共十九大在京勝利召開。筆者作為中共十八屆中央委員，連日來在感奮、激動之餘，一個強烈感受湧上心頭：此刻，我正在見證歷史；此刻，我們正在見證歷史。

十九大，偉大的歷史在這裡聚焦。舉國關注，舉世矚目，千載一時。十九大，嶄新的歷史從這裡出發。新思想引領新時代，新使命開啟新征程，一時千載！我們是與時俱進的歷史唯物主義者。習近平總書記說，「一些重要的時間節點，是我們工作的座標」。

十九大部署了三個重要的時間節點：

——從十九大到二十大，是「兩個一百年」奮鬥目標的歷史交匯期。既要全面建成小康社會、實現第一個百年奮鬥目標，又要乘勢而上開啟全面建設社會主義現代化國家新征程，向第二個百年奮鬥目標進軍。

——從二〇二〇年到二〇三五年，在全面建成小康社會的基礎上，再奮鬥十五年，基本實現社會主義現代化。

——從二〇三五年到本世紀中葉，在基本實現現代化的基礎上，再奮鬥十五年，把中國建成富強民主文明和諧美麗的社會主義現代化強國。

十九大閉幕會上，習近平總書記又提出三個時間節點：

「中國共產黨已經成立九十六年了，中華人民共和國已經成立六十八年了，改革開放已經進行三十九年了……處在這樣一個偉大時代，我們倍感自信自豪，同時也深感責任重大。」

昨天，在十九屆中共中央政治局常委同中外記者見面時，四個時間節點再度引起輿論關注：

　　——二〇一八年，我們將迎來改革開放四十週年。改革開放是決定當代中國命運的關鍵一招，中華民族偉大復興必將在改革開放的進程中得以實現。

　　——二〇一九年，我們將迎來中華人民共和國成立七十週年。我們將把我們的人民共和國建設得更加繁榮富強。

　　——二〇二〇年，我們將全面建成小康社會。全面建成小康社會，一個不能少；共同富裕路上，一個不能掉隊。中國人民生活一定會一年更比一年好。

　　——二〇二一年，我們將迎來中國共產黨成立一百週年。我們將以全黨的強大正能量在全社會凝聚起推動中國發展進步的磅礴力量。

　　撫今思昔，千載一時。時間都去哪兒了？

　　愛默生說，「人是時間的綱領」。時間，就凝結在中華民族的歷史裡，尤其是十八大以來的五年取得的巨大成就裡，就凝聚在十九大習近平總書記擲地有聲的報告和談話、大會一致通過的決議和修改的黨章裡，就閃爍在近代以來從來沒有像現在這樣接近的中華民族偉大復興的目標裡。正如古人所云，「為得其志而中心傾之，然忘己以為千載一時也。」

　　繼往開來，一時千載。時間將到哪兒去？

　　培根說，「時間是最偉大的革新家」。時間，就歸結到一個個「重要的時間節點」、一個個「我們工作的座標」裡，就體現在中國共產黨帶領十三億多人民踏石留印、抓鐵有痕的一步步苦幹實幹和不懈奮鬥裡。千載一時，一時千載。中國夢是每個中國人的夢。在新時代前進的大潮中，每個人都是其中的一滴水、一朵浪花，都在見證歷史、參與歷史、融入歷史。我們，尤其是我們的青年一代，將從十九大開啟的新時

代這個時間節點，一步步見證中華民族實現偉大復興。千載一時，一時千載。「中國共產黨立志於中華民族千秋偉業，百年恰是風華正茂！」

作者為本報特約評論員、
中共十八屆中央委員
原刊於《人民日報海外版》（2017年10月26第6版）

藍圖繪美景　實幹創未來

石建勳

　　中國特色社會主義進入了新時代，中國經濟發展也進入了新時代，基本特徵就是經濟已由高速增長階段轉向高品質發展階段。三月五日李克強總理所作的政府工作報告中，除了「百分之六點五左右」的預期增長速度，如何高品質發展同樣備受關注。

　　中共十九大報告指出，中國社會主要矛盾已經轉化為人民日益增長的美好生活需要和不平衡不充分的發展之間的矛盾。今年是全面貫徹十九大精神的開局之年，是改革開放四十週年，是決勝全面建成小康社會、實施「十三五」規劃承上啟下的關鍵一年。如何在習近平新時代中國特色社會主義思想指引下，解決中國社會主要矛盾，實現高品質發展，是政府工作的著眼點。

　　新思想引領新征程。過去五年，面對極其錯綜複雜的國內外形勢，以習近平同志為核心的黨中央團結帶領全國各族人民砥礪前行，統籌推進「五位一體」總體布局，協調推進「四個全面」戰略布局，改革開放和社會主義現代化建設全面開創新局面。政府工作報告指出，做好今年工作，要認真貫徹習近平新時代中國特色社會主義經濟思想，堅持穩中求進工作總基調，把穩和進作為一個整體來把握。一是大力推動高品質發展；二是加大改革開放力度；三是抓好決勝全面建成小康社會三大攻堅戰。推動改革取得新突破。有效化解不平衡不充分的發展問題，要靠深化改革，特別是要深化供給側結構性改革。政府工作報告九十餘次提到「改革」一詞，尤其是將「深入推進供給側結構性改革」作為「對二〇一八年政府工作的建議」的第一條。報告指出，堅持把發展經濟著力

點放在實體經濟上，繼續抓好「三去一降一補」，大力簡政減稅減費，不斷優化營商環境，進一步激發市場主體活力，提升經濟發展品質。報告同時強調，要深化基礎性關鍵領域改革，以改革開放四十週年為重要契機，推動改革取得新突破，不斷解放和發展社會生產力。

貫徹新發展理念有新部署。新發展理念是指揮棒、紅綠燈。政府工作報告部署了加強國家創新體系建設、健全生態文明體制、堅決打好三大攻堅戰、大力實施鄉村振興戰略、健全城鄉融合發展體制機制、扎實推進區域協調發展戰略、推動形成全面開放新格局等一系列堅持新發展理念的具體工作。

改善民生有新亮點。報告充分體現「以人民為中心」的發展思想，提出要在發展基礎上多辦利民實事、多解民生難事，兜牢民生底線，不斷提升人民群眾的獲得感、幸福感、安全感。報告中提出的改善民生目標，有指標有重點有驚喜，如城鎮新增就業一千一百萬人以上，城鎮調查失業率百分之五點五以內；再減少農村貧困人口一千萬以上，完成易地扶貧搬遷二百八十萬人；合理調整社會最低工資標準；提高個人所得稅起徵點；發展公平而有品質的教育；等等。一系列新舉措，回應了百姓期盼，獲得百姓點讚。

藍圖繪就，剩下就是落實。中國改革發展的一切成就，都是幹出來的。團結凝聚力量，實幹創造未來。在大有可為的歷史機遇期，只有快幹、實幹、會幹，才能不負新時代。

作者為上海市習近平新時代中國特色社會主義思想研究中心副主任、
同濟大學財經研究所所長
原刊於《人民日報海外版》（2018年3月7日第1版）

新時代：以文化自信鑄文化輝煌

馮鵬志

金秋十月，中共十九大勝利閉幕。習近平總書記在十九大報告中發出「堅定文化自信」的號召。隨著「文化自信」被正式寫進《中國共產黨章程》，中國共產黨作為中國先進文化的積極引領者和踐行者、作為中華優秀傳統文化的忠實傳承者和弘揚者，將以更加自信的姿態，堅定地走中國道路，堅持「和而不同、兼收並蓄」的理念，堅持與不同文明之間進行對話，讓世界人民感受中華文化的魅力。

新時代堅定文化自信，會帶來三個新氣象：

第一，中國共產黨將以強大政黨的堅定姿態，牢牢把握為中華民族謀復興的文化使命。

為中華民族謀復興，是激勵中國共產黨人不斷前進的根本動力，也是中國共產黨的重大使命。在中國特色社會主義新時代，中共將一如既往堅持中國特色社會主義文化發展道路，激發全民族文化創新創造活力，建設社會主義文化強國，堅守中華文化立場，堅持發展民族的科學的大眾的社會主義文化，堅持推動社會主義精神文明和物質文明協調發展，堅持為人民服務、為社會主義服務的文化發展方向，堅持百花齊放、百家爭鳴的文化發展方針，堅持推動中華優秀傳統文化創造性轉化、創新性發展，不斷鑄就中華文化新輝煌。

第二，中國共產黨將以文化中國的奮進姿態，始終堅守為人民謀福祉的文化初心。

為中國人民謀福祉，是激勵中國共產黨人不斷前進的根本動力，也是中國共產黨的文化初心。人民是歷史的創造者，是決定黨和國家前途

命運的根本力量。帶領人民創造美好生活，是中共一以貫之的奮鬥進程和始終不渝的奮鬥目標。在中國特色社會主義新時代，中共將始終堅持以人民為中心的發展思想和價值立場，堅持立黨為公、執政為民，踐行全心全意為人民服務的根本宗旨，把黨的群眾路線貫徹到治國理政之中，把人民對美好生活的嚮往作為奮鬥目標，依靠人民創造文化中國的歷史偉業。

第三，中國共產黨將以文化天下的搏擊姿態，奮力兌現為人類社會開太平的文化抱負。

中國共產黨是為中國人民謀幸福的政黨，也是為人類進步事業而奮鬥和貢獻的政黨。在中國特色社會主義新時代，中共將堅持推動構建人類命運共同體，堅持尊重世界文明多樣性，以文明交流超越文明隔閡、以文明互鑒超越文明衝突、以文明共存超越文明優越，積極發展全球夥伴關係，堅持對外開放的基本國策，積極促進「一帶一路」國際合作，堅決秉持共商共建共享的全球治理觀，繼續發揮負責任大國作用，積極參與全球治理體系改革和建設，奮力在走近世界舞臺中央的過程中為人類和平發展不斷貢獻中國智慧和中國方案。

新時代文化自信的中國格局，正在徐徐展開。更加繁榮興盛的社會主義文化，將為中國夢的實現提供源源不斷的強大正能量。

作者為中央黨校哲學教研部主任
原刊於《人民日報海外版》（2017年10月30日第1版）

不忘初心、牢記使命、永遠奮鬥

石建勳

新時代有新氣象。中共十九大閉幕僅一周，十月三十一日，中共中央總書記習近平帶領中共中央政治局常委李克強、栗戰書、汪洋、王滬寧、趙樂際、韓正的首次集體出行，選在上海和浙江嘉興，瞻仰上海中共一大會址和浙江嘉興南湖紅船，回顧建黨歷史，宣示新一屆黨中央領導集體的堅定政治信念。

在一大會址紀念館宣誓廳，他們重溫入黨誓詞。在習近平領誓下，中央政治局常委同志舉起右拳，莊嚴宣誓。

在嘉興南湖革命紀念館，習近平發表重要講話強調，只有不忘初心、牢記使命、永遠奮鬥，才能讓中國共產黨永遠年輕。只要全黨全國各族人民團結一心、苦幹實幹，中華民族偉大復興的巨輪就一定能夠乘風破浪、勝利駛向光輝的彼岸。

一大會址、嘉興南湖紅船是中共夢想起航的地方。新一屆黨中央領導集體的上海浙江之行，既是尋找初心之旅，也是宣誓使命之旅。這讓人想到十九大的主題：不忘初心，牢記使命，高舉中國特色社會主義偉大旗幟，決勝全面建成小康社會，奪取新時代中國特色社會主義偉大勝利，為實現中華民族偉大復興的中國夢不懈奮鬥。

不忘初心，方得始終。中國共產黨人的初心和使命，就是為中國人民謀幸福，為中華民族謀復興。這個初心和使命是激勵中國共產黨人不斷前進的根本動力。

九十六年來，為了實現中華民族偉大復興的歷史使命，無論是弱小還是強大，無論是順境還是逆境，我們黨都初心不改、矢志不渝，團結

帶領人民歷經千難萬險，付出巨大犧牲，敢於面對曲折，勇於修正錯誤，攻克了一個又一個看似不可攻克的難關，創造了一個又一個彪炳史冊的人間奇蹟。今天，我們比歷史上任何時期都更接近、更有信心和能力實現中華民族偉大復興的目標。

經過長期努力，中國特色社會主義進入了新時代，這是中國發展新的歷史方位，近代以來久經磨難的中華民族迎來了從站起來、富起來到強起來的偉大飛躍，迎來了實現中華民族偉大復興的光明前景。

回首過去，十八大以來的五年尤其讓人難忘。這五年成就是全方位的、開創性的，變革是深層次的、根本性的。五年來，我們黨以巨大的政治勇氣和強烈的責任擔當，提出一系列新理念新思想新戰略，出臺一系列重大方針政策，推出一系列重大舉措，推進一系列重大工作，解決了許多長期想解決而沒有解決的難題，辦成了許多過去想辦而沒有辦成的大事，推動黨和國家事業發生歷史性變革。

新時代要有新作為。中共十九大到二十大的五年，正處在實現「兩個一百年」奮鬥目標的歷史交匯期，第一個百年目標要實現，第二個百年奮鬥目標要開篇。這其中有一些重要的時間節點，是中共各項工作的座標。

使命呼喚擔當，使命引領未來。中國共產黨將不負人民重托、無愧歷史選擇，在新時代中國特色社會主義的偉大實踐中，以黨的堅強領導和頑強奮鬥，激勵全體中華兒女不斷奮進，凝聚起同心共築中國夢的磅礴力量。

作者為上海市習近平新時代中國特色社會主義思想研究中心副主任、
同濟大學財經研究所所長
原刊於《人民日報海外版》（2017年11月1日第1版）

中國人權事業邁向新階段

常　健

　　中共十九大作出「中國特色社會主義進入新時代」重要判斷。中國社會主要矛盾已經轉化為人民日益增長的美好生活需要和不平衡不充分的發展之間的矛盾。一方面，人民美好生活需要日益廣泛，不僅對物質文化生活提出了更高要求，而且在民主、法治、公平、正義、安全、環境等方面的要求日益增長；另一方面，更加突出的問題是發展不平衡不充分，這已經成為滿足人民日益增長的美好生活需要的主要制約因素。

　　相應的，新時代對中國人權事業發展也提出了新的更高要求，這主要體現在五個方面。

　　第一，在新時代，人民要求更全面的人權保障，不僅要求保障生存權，而且要求保障發展權、環境權；不僅要求保障經濟、社會和文化權利，而且要求保障政治權利等。十九大報告對此作出積極回應。首先，報告三處提到要更好推動、不斷促進「人的全面發展」。其次，在發展權方面，報告特別強調要使人民平等參與、平等發展權利得到充分保障。再次，報告提出要保護人民人身權、財產權、人格權。最後，在政治權利方面，報告提出要擴大人民有序政治參與，保證人民依法實行民主選舉、民主協商、民主決策、民主管理、民主監督，等等。

　　第二，在新時代，人民要求更均衡的人權保障，特別要提升中西部、鄉村和邊遠貧困地區人權保障水準。十九大報告對此提出了具體的改進措施。首先，報告在六處提到要逐步實現、不斷促進「全體人民共同富裕」。其次，報告提出了一系列促進人權均衡保障的具體戰略，包括鄉村振興戰略、區域協調發展戰略、可持續發展戰略，開展脫貧攻堅、精准脫貧等。最後，報告在教育、社會保險、救助體系等方面提出

了城鄉一體化戰略。

第三，在新時代，人民要求更充分的人權保障，提高各項人權的保障水平。十九大報告提出了「堅持在發展中保障和改善民生」基本原則。報告指出，必須多謀民生之利、多解民生之憂，在發展中補齊民生短板、促進社會公平正義，在幼有所育、學有所教、勞有所得、病有所醫、老有所養、住有所居、弱有所扶上不斷取得新進展，深入開展脫貧攻堅，保證全體人民在共建共享發展中有更多獲得感。

第四，在新時代，人民要求更可靠的人權保障，不僅要求通過廣泛的人權教育和具體的人權政策來維護和保障人權，而且要求通過國家立法、執法、司法和守法使人權得到可以明確預期的法治保障。對此，十九大報告明確提出要「加強人權法治保障」，「深化依法治國實踐」，「堅持厲行法治，推進科學立法、嚴格執法、公正司法、全民守法」。同時，報告多次強調要「加強人民當家作主制度保障」，指出要「健全人民當家作主制度體系，發展社會主義民主政治」；「發展社會主義民主政治就是要體現人民意志、保障人民權益、激發人民創造活力，用制度體系保證人民當家作主」，等等。

第五，在新時代，人民需要更國際化的人權保障。隨著中國的開放和富裕，更多的中國人走出國門，其他國家的狀況也越來越多地影響到中國人民的生活，中國人民的人權需要更加國際化的保障。對此，十九大報告提出「宣導構建人類命運共同體，促進全球治理體系變革」；「我們呼籲，各國人民同心協力，構建人類命運共同體，建設持久和平、普遍安全、共同繁榮、開放包容、清潔美麗的世界」。

人民對人權保障的更高層次的需求，就是中國人權事業發展的目標和方向。十九大報告對新時代中國人民人權新需求的全面回應，將使中國人權事業邁向一個新階段。

作者為南開大學人權研究中心主任

原刊於《人民日報海外版》（2017年11月25日第1版）

百年新變局　中國新時代

阮宗澤

　　二〇一八年是落實黨的十九大精神的開局之年，是中國改革開放四十週年。「放眼世界，我們面對的是百年未有之大變局。」習近平主席近日在接見二〇一七年度駐外使節工作會議代表時如是說。在這場大變局中，中國不是旁觀者，而是時不我待的建構者。時代的呼喚和國家的發展要求我們敏銳捕捉時代潮流和國際大勢，深入推進中國特色大國外交，不忘初心，激流勇進，確保迎來新的中國時刻。

　　當今國際格局之演變體現於世界多極化加速發展，國際格局日趨均衡，國際潮流大勢不可逆轉。這是時代進步，是歷史必然，也是戰略機遇。多極化不斷推進，更加均衡協調的國際格局有利於國際關係的民主化，有利於維護世界的和平穩定，有利於促進全球的繁榮發展。

　　西方的平庸讓「後西方」秩序不再遙遠。西方內生危機加重，國內政治、經濟、社會、文化等嚴重撕裂，抱殘守缺，故步自封，積重難返，制度創新遭遇瓶頸。冷戰結束一度讓西方欣喜若狂，「歷史終結」的喧囂不絕於耳，醉心於「不戰而勝」。山姆大叔如釋重負，盡情享受「歷史的假期」，並接連發動戰爭，熱衷對外干涉，搞政權更迭。然而，二〇〇八年金融海嘯呼嘯而來，摧枯拉朽，留下至今的滿目瘡痍。歐洲一體化的氣泡被戳破，多重危機疊加，內外交困，跌入「過度擴張」的陷阱，英國式的「娜拉出走」再添新愁；日本掙扎徘徊，迷失方向。於是有人打出「自我優先」、民粹主義、保護主義旗號，大搞雙重標準，對國際多邊機制說「不」。今後不排除一些國家為轉移國內矛盾而在外尋找替罪羊，製造緊張，挑起衝突。

與此形成鮮明對照的是，新世紀以來一大批新興市場國家和發展中國家快速發展。新興經濟體群體性崛起為全球治理提供新的選擇。面對百年一遇的金融危機，不可一世的「七國集團」自顧不暇，對自己闖的禍無所作為。拯救世界經濟的重任落到了有眾多新興經濟體參與的「二十國集團」肩上。它也不負眾望，已經崛起為全球經濟治理的主要平臺。國際金融危機爆發以來，以金磚國家為代表的新興經濟體表現卓著，成為世界經濟復甦的重要引擎，貢獻率遠超發達國家。新興經濟體和發展中國家為全球治理獻計獻策，積極作為，加強互利合作，奮力推動全球經濟聯動、包容發展，創新區域合作與多邊合作模式，為世界提供新的動力，牽引全球經濟邁向更加開放的發展階段。

　　新時代中國的表現格外搶眼，成為一個嶄新的座標。一系列中國方案應運而生並化身為國際共識，「一帶一路」建設取得了前所未有的重大成就，成為廣受歡迎的國際公共產品。中華民族迎來了從站起來、富起來到強起來的偉大飛躍，中華民族偉大復興的巨輪正乘風破浪，到本世紀中葉中國將成為社會主義現代化強國。作為占世界人口五分之一的超大型經濟體，中國有智慧、有能力、有信心持續實現高品質發展，創造人類發展史上的奇蹟。這是中國的機遇，同樣是世界的機遇。

作者為中國國際問題研究院常務副院長、研究員
原刊於《人民日報海外版》（2018年1月1日第1版）

二〇一七，最難忘「新時代」這個詞

葉小文

十二月二十八日，中共中央總書記、國家主席、中央軍委主席習近平在人民大會堂接見回國參加二〇一七年度駐外使節工作會議的全體使節並發表重要談話。談話中，他多次提到「新時代」。

經過長期努力，中國特色社會主義進入了新時代，這是中國發展新的歷史方位。習近平總書記在中共十九大報告中，從三個角度對「新時代」作出闡述。

從中華民族意義上來說，意味著近代以來久經磨難的中華民族迎來了從站起來、富起來到強起來的偉大飛躍，迎來了實現中華民族偉大復興的光明前景。

從社會主義角度來講，意味著科學社會主義在二十一世紀的中國煥發出強大生機活力，在世界上高高舉起了中國特色社會主義偉大旗幟。

對世界廣大發展中國家來說，意味著中國特色社會主義道路、理論、制度、文化不斷發展，拓展了發展中國家走向現代化的途徑，給世界上那些既希望加快發展又希望保持自身獨立性的國家和民族提供了全新選擇，為解決人類問題貢獻了中國智慧和中國方案。

現在，中國正處在從大國走向強國的關鍵時期。新征程上，不可能都是平坦的大道，我們將會面對許多重大挑戰、重大風險、重大阻力、重大矛盾。

縱覽其他國家發展歷史，不難發現，一步走錯功虧一簣、積重難返

的教訓不少。百年之前，美國和阿根廷的人均GDP都在四千美元左右，而現在的發展水準差距明顯。世界銀行警告：「在過去五十年中……世界上最失落的地區當屬拉丁美洲，它的很多國家在達到中等收入水準後，停止了增長。」這就是所謂的「拉美陷阱」。國際經驗表明，人均GDP在三千美元至一萬美元階段，既是中等收入國家向中等發達國家邁進的機遇期，又是矛盾增多、爬坡過坎的敏感期。這一階段，經濟容易失調，社會容易失序，心理容易失衡。

此外，還有所謂「修昔底德陷阱」，即指一個新崛起大國必然要挑戰守成大國，而守成大國也必然會回應這種威脅，戰爭變得不可避免。習近平總書記斬釘截鐵地說，我們都應該努力避免陷入「修昔底德陷阱」，強國只能追求霸權的主張不適用於中國，中國沒有實施這種行動的基因。

機遇前所未有，挑戰也前所未有。在這種歷史條件下，更需戮力同心，撸起袖子加油幹。

回眸二〇一七，「新時代」這個詞讓人難忘。一元復始，萬象更新。新時代要有新氣象，更要有新作為。正所謂，「盪胸生層雲，決眥入歸鳥。會當凌絕頂，一覽眾山小」。展望二〇一八，中國將積極應對新挑戰，勇於擔當新使命，促進工作邁出新步伐，事業出現新進展，生活充滿新期待。

作者為本報特約評論員、中共十八屆中央委員
原刊於《人民日報海外版》（2017年12月29日第1版）

幸福在奮鬥的新時代

楊一楓

「新時代是奮鬥者的時代。」國家主席習近平在二〇一八年春節團拜會上如是說。

「奮鬥」，成為新時代的主題詞，激勵著我們新春伊始就要腳踏實地、砥礪奮進，撸起袖子加油幹。

回首一載裡，都是春消息。二〇一七年十月，中國共產黨第十九次全國代表大會在北京勝利召開，「不忘初心，牢記使命，高舉中國特色社會主義偉大旗幟」舉世皆知。這初心，這使命，就是「為中國人民謀幸福，為中華民族謀復興」。十九大精神猶如春風，吹遍神州大地，吹入千家萬戶。

我們的新春是富裕的！二〇一七年，中國國內生產總值邁上八十萬億元人民幣的臺階，城鄉新增就業一千三百多萬人，社會養老保險已經覆蓋九億多人，基本醫療保險已經覆蓋十三點五億人，又有一千多萬農村貧困人口實現脫貧。

我們的新春是祥和的！二〇一七年，中國自主設計建造的航空母艦出塢下水；中國自主研製的C919大型客機飛上雲霄；朱日和沙場夏點兵，軍風如鐵，讓人激情澎湃；慶祝香港回歸祖國二十週年文藝晚會「擁抱著」幸福和熱淚。

我們的新春是幸福的！

「幸福都是奮鬥出來的。」這些成績，同黨和人民長期奮鬥的成就一起，像涓涓細流匯成江海，推動「中國號」巨輪駛入新的水域。

「從十九大到二十大，是『兩個一百年』奮鬥目標的歷史交匯期。

我們既要全面建成小康社會、實現第一個百年奮鬥目標，又要乘勢而上開啟全面建設社會主義現代化國家新征程，向第二個百年奮鬥目標進軍。」

今天的中國，新春的中國，令人陶醉；未來的中國，令人神往。貫穿其中的就是奮鬥。

「奮鬥本身就是一種幸福。」我們幸福著，幸福在奮鬥的新時代。

作者為本報主任編輯

原刊於《人民日報海外版》（2018年2月15日第1版）

不斷貢獻中國智慧和力量

世界需要中國這樣的領導力量

王　棟

　　四月十日，習近平主席出席博鰲亞洲論壇二〇一八年年會開幕式並發表主旨演講，深刻總結中國改革開放的偉大成就、重要經驗和啟示、世界意義和影響，提出一系列新的改革開放重大舉措，向世界宣示了新時代中國堅定不移深化改革、擴大開放的堅定意志和堅強決心。參加博鰲亞洲論壇的國際貨幣基金組織總幹事拉加德認為：習近平主席的演講為當今世界增加了確定性和希望。世界需要像中國這樣的領導力量。

　　習近平主席在博鰲發表演講之際，正是國際體系整體的不確定性上升的時刻，是逆全球化論調甚囂塵上的時刻，是貿易保護主義暗潮洶湧的時刻，應該說，當今世界的不確定性正在加劇，不穩定因素正在聚集。整個國際社會面臨地區衝突、恐怖主義、貧困問題、氣候變化、重大的傳染病跨國擴散等各種地區性和全球性的挑戰。

　　面對世界不確定性的加劇，國際社會上各種悲觀主義論調流行，不少人認為全球化已經終結，世界進入逆全球化和地緣政治回歸的階段。習近平主席的演講明確否定了這些悲觀主義論調，為整個世界注入了確定性的、包容性的力量。

　　第一，從世界發展趨勢的判斷來看，習近平主席指出當今世界發展的三個大的潮流是和平合作、開放融通、變革創新。第二，習近平主席明確表示，「中國開放的大門不會關閉，只會越開越大」，並提出擴大開放的四個重大舉措：大幅度放寬市場准入、創造更有吸引力的投資環境、加強知識產權保護、主動擴大進口。這給國內外市場發出非常確定的信號。第三，習近平主席在演講中還提出「五個面向未來」，實際上

是在談構建人類命運共同體的五個支柱。第四，習近平主席指出「一帶一路」源於中國，屬於世界，中國持開放、包容、透明的心態，「不打地緣博弈小算盤，不搞封閉排他小圈子，不做凌駕於人的強買強賣」，真正旨在把「一帶一路」建成經濟全球化時代最廣泛的國際合作平臺。

習近平主席的演講明確對貿易保護主義、對以鄰為壑、對零和的冷戰思維說不，為外界提供了一個非常重要的再保證，為世界提供更多的確定性。

面對「逆全球化」的問題，中國的答案是全球化並沒有停止。事實上，全球化已經進入擴容升級的新階段，我們可以稱之為「再全球化」的過程，而中國已經成為引領「再全球化」進程的主要力量之一。現在世界的趨勢，不是「逆全球化」，而是「再全球化」。「再全球化」的故事是中國與世界共同發展進步的故事。隨著中國和世界相互依存的不斷加深，中國將通過自身和平發展為世界提供更大的機遇。

正如英國《衛報》十日報導，習近平演講後，亞洲股市跳漲，日經指數、上證指數、香港恒生指數無一例外受到鼓舞，晚間美國股市也跳空高開。習近平主席的演講，帶來了確定性和希望，對趨勢非常敏感的市場來說，這是一針強心劑。

當全球不確定性增加時，中國引領「再全球化」進程，為世界帶回確定性。作為一個新興大國，中國是全球化規則的參與者。而另一方面中國改革開放所釋放的國際影響力，正在極大地促進全球化進程。

作者為北京大學中美人文交流研究基地執行副主任
原刊於《人民日報海外版》（2018年4月13日第2版）

讓世界共享「新時代」

賈秀東

習近平總書記在十九大報告中宣告：「中國特色社會主義進入了新時代。」「新時代」既標明了中國發展新的歷史方位，又勾畫了中國與世界互動的新的前景。這個「新時代」不僅是中國的，也屬於世界。

進入「新時代」，世界將看到中國「從站起來、富起來到強起來」的巨大轉變。過去五年，中國經濟保持中高速增長，在世界主要國家中名列前茅，國內生產總值從五十四萬億元增長到七十四萬億元，穩居世界第二，對世界經濟增長貢獻率超過百分之三十。中國的經濟實力、科技實力、國防實力、綜合國力已步入世界前列。未來，中華民族將以更加昂揚的姿態屹立於世界民族之林。

進入「新時代」，世界看到中國日益走近國際舞臺中心，不斷為全球和平發展做出重大貢獻。過去五年，中國全方位外交布局深入展開，走出一條中國特色大國外交之路，為自身發展營造了良好外部條件，也促進了世界的和平穩定與繁榮。中國的國際影響力、感召力和塑造力進一步提高，國際地位實現前所未有的提升。未來，中國將不斷為人類做出更大貢獻。

進入「新時代」，中國的發展潛力將給世界帶來新的前所未有的發展機遇。從現在起到本世紀中葉，從中國全面建成小康社會，到基本實現社會主義現代化，再到建成社會主義現代化強國，這一發展藍圖既意味著中國人民基本實現共同富裕、享有更加幸福的生活，也意味著中國有更大能力和動力牽引全球經濟增長，促進世界共同發展。

進入「新時代」，中國的外交實踐將為國際政治注入新的更強大的正能量。中國特色大國外交是中共十九大確立的習近平新時代中國特色

社會主義思想的重要組成部分，其總目標就是要高舉構建人類命運共同體的旗幟，推動建設「相互尊重、公平正義、合作共贏的新型國際關係」。新時代中國外交旨在摒棄傳統的以強凌弱的叢林法則、我贏你輸的零和遊戲，建設「持久和平、普遍安全、共同繁榮、開放包容、清潔美麗」的世界。

進入「新時代」，中國的文明進步將為人類社會提供新的具有吸引力的選擇。中國發展既借鑑世界一切優秀文明成果，又堅持走符合自己國情的道路，並取得成功，為廣大發展中國家走向現代化展示了新的可選途徑，給世界上那些既希望加快發展又希望保持自身獨立性的國家和民族提供了全新參照。中國發展不照搬他人模式，也始終尊重和鼓勵各國根據自己的國情選擇各自發展道路，同時也願為人類文明進步做出具有東方智慧的貢獻。

進入「新時代」，中國與外部世界的互動模式將發生新的深刻變化。和平與發展仍然是時代主題，世界的大發展大變革大調整離不開中國與世界的良性互動。習近平指出，「我們生活的世界充滿希望，也充滿挑戰。我們不能因現實複雜而放棄夢想，不能因理想遙遠而放棄追求。沒有哪個國家能夠獨自應對人類面臨的各種挑戰，也沒有哪個國家能夠退回到自我封閉的孤島」。堅持走和平發展道路，把世界的機遇轉變為中國的機遇，把中國的機遇轉變為世界的機遇，在中國與世界各國良性互動中推動構建人類命運共同體，這是中國的戰略選擇和奮鬥目標。中國處於新的歷史方位，做出了新的時代布局，外部世界也需要調整看待中國的角度，做出與時俱進的時代選擇。

進入「新時代」的中國，有信心、有能力建設好自己的國家，而且有信心、有能力讓世界共享這個「新時代」。這是中共十九大向世界傳遞的一個強烈信號。

作者為本報特約評論員、中國國際問題研究院特聘研究員
原刊於《人民日報海外版》（2017年10月22日第1版）

中共領導力是世界之福

王義桅

習近平總書記在十九大報告中指出，中國特色社會主義進入新時代，意味著中國特色社會主義道路、理論、制度、文化不斷發展，拓展了發展中國家走向現代化的途徑，給世界上那些既希望加快發展又希望保持自身獨立性的國家和民族提供了全新選擇，為解決人類問題貢獻了中國智慧和中國方案。

透過十九大報告，世界更加清晰地看到中國發展的藍圖，也更加迫切地期待分享中國發展的紅利。

中共領導力是世界之福，這是國際媒體的共同感慨。

——以人民為中心的發展理念，推動全球化朝開放包容普惠平衡可持續方向發展。在中國共產黨領導下，全國人民一心一意謀發展，聚精會神搞建設，久久為功，步步為營，七億多人脫貧致富，對世界脫貧的貢獻率超過百分之七十以上。中國倡建亞洲基礎設施投資銀行，讓金融服務於實體經濟，消除資本全球化導致的熱錢氾濫，增強老百姓對全球化的參與感、獲得感、幸福感，因此獲得了包括西方發達國家在內的國際社會的積極回應和參與。反觀西方社會，民粹主義氾濫，根源就在新自由主義全球化造成的貧富差距和全球化動力不足。正是本著為世界人民謀福利的胸懷，中國提出共商共建共享的全球治理理念，並將其確立為「一帶一路」建設的原則，被寫進了聯合國決議。

——以改革為動力的政治氣魄，增強了世界的確定性。當今世界，改革是各種文明、各種發展模式適應和應對世界不確定性的不二選擇，區別在於真改革還是假改革，改得動還是改不動，願不願意改。意識到

自己要改變，打著改革旗號上臺，在西方政壇已是政治時髦，然而真正能有中共壯士斷腕般反腐勇氣和全面深化改革執行力的，幾乎沒有。面對世界的不確定性，中國共產黨的長遠規劃力、引領力、執行力，可以助力世界走出危機，推動世界結構性改革。

——以人類為視野的使命擔當，建設新型國際關係和人類命運共同體。世界好，中國才能好；中國好，世界才更好。中國共產黨是為中國人民謀幸福的政黨，也是為人類進步事業而奮鬥的政黨。中國共產黨始終把為人類作出新的更大貢獻作為自己的使命。正是根據這一基本理念，十九大報告明確指出，中國特色大國外交，要推動建設「相互尊重，公平正義，合作共贏」新型國際關係，建設「持久和平、普遍安全、共同繁榮、開放包容、清潔美麗」的世界，推動構建人類命運共同體。這就超越了國別、黨派和制度，反映了大多數國家的普遍期待，符合國際社會的共同利益，使中國的外交政策和理念占據了人類道義的制高點。

當然，中國的發展成就是學習借鑑人類一切優秀文明，弘揚中華文明兼收並蓄、融會貫通精神的結果，是改革開放的產物。中國共產黨領導力最根本的遵循，就是在領導中國實現傳統性與現代性完美結合的同時，還具有全球性眼光。世界幫助中國，中國回饋世界。中國共產黨不僅是為中國人民服務的政黨，也越來越為世界人民服務了。

作者為中國人民大學「歐盟讓・莫內講席」教授、
國際事務研究所所長
原刊於《人民日報海外版》（2017年10月27日第1版）

習近平演講　施瓦布緣何盛讚

華益聲

　　四月十六日，國家主席習近平會見世界經濟論壇主席施瓦布。施瓦布高度讚揚習主席在二○一七年世界經濟論壇年會上和博鰲亞洲論壇二○一八年年會開幕式上的兩次演講。

　　施瓦布首先肯定的是中國對人類前景進行的議程設置。今年一月世界經濟論壇二○一八年年會舉行之際，施瓦布就提出，年會主題定為「在分化的世界中打造共同命運」，意在繼續順承習近平主席去年在論壇主旨演講中提到的「共建人類命運共同體」的主張。

　　人類命運共同體是「五位一體」的設計，旨在共創和平、安寧、繁榮、開放、美麗的亞洲和世界。習主席在博鰲的演講進一步指明了各國人民攜手同行的方向：相互尊重、平等相待，對話協商、共擔責任，同舟共濟、合作共贏，兼容並蓄、和而不同，敬畏自然、珍愛地球。五位一體協調發展，各國人民才能面向未來，將對美好生活的嚮往變為現實。同時，中國堅持世界命運應該由各國共同掌握，國際規則應該由各國共同書寫，全球事務應該由各國共同治理，發展成果應該由各國共同分享。施瓦布對人類命運共同體理念的支持再次證明，習主席提出的推動構建人類命運共同體的倡議順應歷史潮流，增進人類福祉，得到越來越多國家和人民歡迎和認同，正在成為更為廣泛的國際共識。

　　作為世界經濟論壇創始人兼執行主席，施瓦布格外關注中國對世界經濟發展的貢獻。中國自身發展成就舉世矚目。中國是世界第二大經濟體、第一大工業國、第一大貨物貿易國、第一大外匯儲備國。二○一七年，中國經濟以百分之六點九的增速在全球主要經濟體中一枝獨秀，對

世界經濟增長的貢獻率約百分之三十，仍是舉足輕重的穩定器與壓艙石。

在當前經濟全球化和多邊貿易體制面臨挑戰之際，中國的政策走向將對世界產生重大影響。施瓦布見證了中國堅定主張構建開放型世界經濟的積極態勢。習主席在博鰲亞洲論壇的演講中闡述了中國擴大對外開放的政策走向和重大舉措，包括大幅度放寬市場准入，創造更有吸引力的投資環境，加強智慧財產權保護，主動擴大進口。各項舉措正在迅速落地。習近平總書記鄭重宣布黨中央支持海南全島建設自由貿易試驗區的決定，成為「中國開放的大門不會關閉，只會越開越大」的又一實際印證。施瓦布由衷欽佩，認為中國為世界各國合作發展指明了前進方向，注入了強勁動力。

中國堅持維護世界和平發展進程，發揮負責任大國作用，贏得更廣泛支持。施瓦布表示，世界經濟論壇對過去四十年來與中國的合作感到自豪，願在支持推進「一帶一路」建設，促進創新發展等方面同中國加強長期合作，為加強全球治理體系，推動解決世界性問題共同作出努力。這既是重要國際組織對中國開放合作努力的高度評價，也是未來與中國相向而行的立場宣示。得道多助，中國的全球化之路將更加寬廣平坦。

作者為國際問題專家
原刊於《人民日報海外版》（2018年4月18日第1版）

中國：從「追隨者」到「引領者」

慶　新

　　十一月十一日，亞太經合組織（APEC）第二十五次領導人非正式會議在越南峴港舉行，二十一個經濟體的領導人將共商亞太合作大計，議題之一是互聯網和數字經濟。就在同一天，中國的億萬網友將歡慶一場電子商務盛宴──「雙十一」購物狂歡節。「雙十一」這天，從領導人會議議程到民眾消費日程，都與互聯網息息相關，這個奇妙的巧合折射出了亞太互聯網經濟發展的蓬勃之勢。

　　十一月十日，國家主席習近平在出席APEC工商領導人峰會並發表主旨演講時提出，深化互聯網和數字經濟合作，引領全球創新發展的方向。

　　事實上，作為全球經濟的先行者、引領者和開拓者，APEC在互聯網經濟領域的探索由來已久。早在上世紀九〇年代，APEC領導人就作出面向二十一世紀推進資訊技術發展的戰略決策，並率先推動在世貿組織框架下的資訊技術協定談判。近年來，資訊通訊技術突飛猛進，新一輪科技革命大幕拉開，互聯網在太平洋兩岸掀起波瀾壯闊的經濟變革。APEC成員不約而同地將互聯網和數字經濟置於優先發展的戰略位置，紛紛出臺互聯網和數字經濟發展規劃。這是一場面向未來前沿領域的急行軍，各經濟體邁出的堅實步伐，在亞太範圍內產生了共振。

　　在推動互聯網和數位經濟蓬勃發展的同時，APEC成員日益重視應對技術變革帶來的挑戰。面對網路基礎設施分布不均衡、資訊技術發展不平衡的現狀，各經濟體希望加強溝通交流，努力提升民眾資訊數位技能，消弭數位鴻溝，分享技術創新成果。針對使用者隱私與資料洩露、網路安全等隱患，各方需要通力合作，交流政策和技術經驗，營造清朗

的網路空間，讓廣大人民群眾能夠踏踏實實地享受到數字經濟的紅利。

三年前，二〇一四年十一月十一日，APEC第二十二次領導人非正式會議在北京雁棲湖畔舉行。會議正值APEC成立二十五週年，面臨著如何在後金融危機時代鞏固亞太增長引擎地位、挖掘經濟新動能的艱巨任務。作為APEC會議東道主，中國主動提出並推動會議通過《促進互聯網經濟合作倡議》，把互聯網經濟引入APEC議程。值得一提的是，二〇一四年恰逢中國正式接入互聯網二十週年，完成了從「追隨者」向「引領者」的轉變。

北京會議之後，APEC成員積極開展相關經驗交流、政策對話、能力建設，推動互聯網技術與經濟社會發展融合，中國的表現尤其令人矚目，推動並引領著APEC成員的緊密合作和發展方向。

今年五月，習近平主席在「一帶一路」國際合作高峰論壇開幕式上指出，我們要堅持創新驅動發展，加強在數字經濟、人工智慧、奈米技術、量子計算機等前沿領域合作，推動大資料、雲計算、智慧城市建設，連接成二十一世紀的數字絲綢之路。這充分體現了中國對互聯網和數字經濟發展的重視。

中共十九大，擘畫了未來一個時期中國發展的宏偉藍圖。習近平總書記在報告中指出，推動互聯網、大資料、人工智慧和實體經濟深度融合。我們相信，推動「數字中國」的實現，必將為中國經濟轉型升級插上翅膀，也將為亞太增長動能的轉換帶來前所未有的機遇。

風正好揚帆。我們期待，本次APEC領導人非正式會議，就互聯網和數字經濟合作制訂長遠規劃，在互聯網基礎設施、科技和服務創新、電子商務、包容性等優先領域提出具體舉措，為構建發展創新、增長聯動、利益融合的開放型亞太經濟注入新動力。

作者為國際問題觀察員

原刊於《人民日報海外版》（2017年11月11日第1版）

全球為何關注中國反腐敗

嚴　冰

　　近日，習近平總書記的反腐談話引起全球關注。一月二十二日，英國廣播公司、英國《衛報》網站報導：「習近平發誓在反腐運動中既打『老虎』也打『蒼蠅』。」二十三日，新加坡《聯合早報》報導：「習近平再度展示反腐決心。」並引用分析人士的話指出：「尤其是提出『把權力關進制度的籠子』，可謂切中腐敗頑疾的要害。」……全球為何如此關注中國反腐？

　　首先，對於各國尤其大國反腐話題，全世界始終關注。世界上，幾乎沒有任何一個國家能讓腐敗絕跡，沒有任何一種制度可以確保零腐敗。目前，中國走出了一條中國特色社會主義道路，形成了中國特色社會主義理論體系，制定了中國特色社會主義制度，這條道路、這個理論、這些制度能夠有效預防懲治腐敗嗎？對於資本主義國家都沒治好的腐敗這個「社會癌症」，中國能開出更好的藥方嗎？有的人不以為然，有的人信心不足，有的人冷眼旁觀，更多人在拭目以待。

　　其次，世界對十八大後的「中國新政」極為期待。十八大後，中國「風向明顯變化」，各國普遍對中國「新風」緊密觀望，而「鐵腕反腐」即為「新風」之一。不爭的事實是，在一些未必公允的政府廉政排行榜中，中國排名並不靠前。中國此次反腐，能否改變這種格局？在「道路自信」「理論自信」「制度自信」之後，中國能否確立新的「反腐自信」？這個答案，中國關注，世界也期待。

　　最後，世界看到了中國「鐵」的決心，更期待中國「鐵」的行動。開弓沒有回頭箭，言出必行。海外媒體熱議習總書記講話時，頻頻強調

其中透露出的「動真格」「出實招」「逮老虎」等強烈信號。

世界關注中國如何動真格。「要以踏石留印、抓鐵有痕的勁頭抓下去，善始善終、善做善成，防止虎頭蛇尾，讓全黨全體人民來監督，讓人民群眾不斷看到實實在在的成效和變化。」只有動真格，才能贏得民心，消解民怨。最近，對於群眾反映的腐敗問題，既有數十小時就給出「秒殺」式回饋的「霹靂手段」，也有拖了月餘遲遲不公布調查結果的「爛尾工程」。要動真格，「爛尾工程」必須根治，而不是拖拉應付。對此，各地各部門必須有心理準備。

世界關注中國如何出實招。「要加強對權力運行的制約和監督，把權力關進制度的籠子裡，形成不敢腐的懲戒機制、不能腐的防範機制、不易腐的保障機制。」打鐵還需自身硬，抓「老虎」需要「鐵籠子」。這個籠子，就是制度，就是實招。只有出實招，才能讓各級領導幹部牢記，任何人都沒有法律之外的絕對權力。這個實招，尤其要加強對一把手的監督，保證領導幹部做到位高不擅權、權重不謀私。

世界關注中國如何逮「老虎」。「從嚴治黨，懲治這一手決不能放鬆。要堅持『老虎』『蒼蠅』一起打……要堅持黨紀國法面前沒有例外，不管涉及到誰，都要一查到底，決不姑息。」日前，中共對李春城等省部級官員的查處，就向世界表明，不論什麼人，不論其職務多高，只要觸犯了黨紀國法，都要受到嚴肅追究和嚴厲懲處，這，決不是一句空話。

中共十八大後，從省部級官員的落馬，到網路反腐接力，反腐既有新動作，也有新成效，引發了人們的新期待，這當然也包括海外輿論在內。相信，中共有決心也有能力，會讓人們的期待更扎實地落地。

作者為本報高級編輯

原刊於《人民日報海外版》（2013年1月25日第1版）

中國智慧照亮第二個「金色十年」

蘇曉暉

　　九月三日下午，金磚國家工商論壇開幕式舉行，習近平主席出席開幕式並發表主旨演講，針對金磚合作提出中國倡議：深化金磚合作，助推五國經濟增加動力；勇擔金磚責任，維護世界和平安寧；發揮金磚作用，完善全球經濟治理；拓展金磚影響，構建廣泛夥伴關係。

　　觀察金磚合作發展，有兩個維度十分重要。一是要把金磚合作放在世界發展和國際格局演變的歷史進程中來看。二是要把金磚合作放在五國各自和共同發展的歷史進程中來看。中國對金磚合作的貢獻、倡議，都是為了構建以合作共贏為核心的新型國際關係，契合習主席提出的「人類命運共同體」理念。

　　中國堅持金磚合作的「夥伴關係」定位。實踐證明，建立結伴不結盟的新關係，金磚合作超越了政治和軍事結盟的老套路。本次會晤的主題應時而生，「深化金磚夥伴關係，開闢更加光明未來」。在內部，金磚國家不搞一言堂，凡事大家商量著辦。對外關係中，金磚不封閉、不排他，強調和而不同。中國更鼓勵「金磚＋」合作模式，旨在打造開放多元的發展夥伴網路，使金磚合作在新興市場國家和發展中國家有更廣泛的代表性，同時獲得國際社會更有力的支援。

　　中國推動金磚合作以完善全球治理。中國主張建設開放型世界經濟，促進貿易和投資自由化便利化，合力打造新的全球價值鏈，實現經濟全球化再平衡，服務各國民眾利益。正如習主席強調的，新興市場國家和發展中國家的發展，不是要動誰的乳酪，而是要努力把世界經濟的蛋糕做大。金磚國家還應關注氣候變化等事關全人類生存和發展的重大

問題，在國際事務中發揮更加積極主動的作用。

中國促進金磚合作關注世界和平與安全。中國認為，世界各國將成為更加利益交融的命運共同體，也面臨更加紛繁複雜的全球性挑戰。習主席強調，金磚國家是世界和平的維護者、國際安全秩序的建設者。各國要堅持共同、綜合、合作、可持續的安全觀，通過對話協商和平解決爭端，避免動輒使用武力或以武力相威脅。不能為了小團體利益影響他國乃至地區的安全，要致力於營造各國共享安全的新局面。

中共十八大以來，中國日益走近世界舞臺中心。中國舉辦的多次主場外交活動都成為世界矚目的盛會。從二〇一六年的二十國集團杭州峰會，到今年五月舉行的「一帶一路」國際合作高峰論壇，再到此次金磚國家領導人第九次會晤，每一次活動中，「中國智慧」「中國聲音」「中國方案」都備受關注和期待。

今年對於金磚合作具有特別意義。二〇一七年，金磚合作進入第二個十年。環顧當今世界，國際形勢變化複雜，世界經濟復甦並不穩定，單邊主義傾向逆流而動，地區熱點問題此起彼伏。在此背景下，金磚國家期待中國貢獻智慧，發揮引領作用，規劃金磚合作發展方向。

此次金磚國家領導人廈門會晤，中國還將為金磚合作注入更多動能，以實際行動證明，金磚國家不是碌碌無為的清談館，而是知行合一的行動隊。中國智慧將再次為各國提供和諧相處、共謀發展的新思路、新選擇，照亮金磚合作第二個「金色十年」。

作者為中國國際問題研究院國際戰略研究所副所長
原刊於《人民日報海外版》（2017年9月4日第1版）

中國新時代 世界新機遇

王義桅

十一月二十三日，中國國家主席習近平同來華進行國事訪問的吉布地總統蓋萊舉行會談。蓋萊表示，感謝中國多年來對吉布地的幫助和支持；吉方讚賞中方積極參與聯合國維和行動及打擊海盜國際合作，感謝中國為世界和平與繁榮發揮的關鍵作用。讚賞中國長期以來，甚至在自身還很貧窮落後的時候就為非洲的安全與發展作出了貢獻。

蓋萊說出了很多人的心聲。無論貧困落後時期，還是日益富強之後，中國一直為世界貢獻正能量，提供發展機遇。十九大報告指出，中國特色社會主義進入新時代。中國「新時代」，是中國「日益走近世界舞臺中央、不斷為人類作出更大貢獻的時代」。中國共產黨的十九大，勾畫了中國走向富強民主文明和諧美麗的社會主義現代化強國的宏偉藍圖。在新時代，中國更會為世界提供新機遇。

一是中國更加開放帶來全球化新紅利。十九大報告提出，開放帶來進步，封閉必然落後。中國開放的大門不會關閉，只會越開越大。未來十五年，中國市場將進一步擴大，發展將更加全面。預計將進口二十四萬億美元商品，吸收兩萬億美元境外直接投資，對外投資總額將達到兩萬億美元。當今世界格局出現顯著變化，逆全球化潮流湧動。而中國成為對外投資大國和進口大國，給全球化帶來巨大信心。國際金融危機爆發以來，中國經濟增長對世界經濟增長的貢獻超過美國、日本和歐盟的總和。中國經濟結構轉型和中高速增長，歡迎各國搭乘中國發展的「快車」「便車」，給世界帶來更多合作共贏機會，助推世界經濟結構性改革。

二是中國社會主要矛盾轉化帶來合作新機遇。中國社會主要矛盾已經轉化為人民日益增長的美好生活需要和不平衡不充分的發展之間的矛盾。為滿足人民日益增長的美好生活需要，中國正由高速增長階段轉向高品質發展階段，堅定不移貫徹新發展理念，堅決端正發展觀念、轉變發展方式，發展質量和效益不斷提升。這其中蘊含大量機遇。如「綠水青山就是金山銀山」深入人心，給中國與世界的環境、科技合作提供契機。

三是中國擔當帶來更多公共產品供給。中國共產黨是為中國人民謀幸福的政黨，也是為人類進步事業而奮鬥的政黨。中國共產黨始終把為人類作出新的更大的貢獻作為自己的使命。「一帶一路」寫進黨章，預示著中國將為世界各國提供更多更好的公共產品，推動新型全球化和全球治理。國際形勢客觀上也需要中國在全球舞臺上更加積極作為，提供公共產品。現在中國自身有能力，有責任，也有擔當。

中國堅持推動構建人類命運共同體，始終做世界和平的建設者、全球發展的貢獻者、國際秩序的維護者。習近平新時代中國特色社會主義思想是馬克思主義中國化的最新成果，新時代中國特色社會主義的偉大實踐，不僅將使中華民族以更加昂揚的姿態屹立於世界民族之林，也將給世界帶來前所未有的機遇和福祉。

作者為中國人民大學「歐盟讓·莫內講席」教授、
國際事務研究所所長
原刊於《人民日報海外版》（2017年11月24日第1版）

中共帶給世界自信

王義桅

中國共產黨與世界政黨高層對話會將於十一月三十日至十二月三日在北京舉行。中共中央總書記、國家主席習近平將出席開幕式並發表主旨講話。此次對話會主題為「構建人類命運共同體、共同建設美好世界：政黨的責任」。

這是中國共產黨首次與全球各類政黨舉行高層對話，在中共歷史上具有開創性意義，在世界政黨史上也具有突破性意義。

中國共產黨不僅有自己的道路自信、理論自信、制度自信、文化自信這「四個自信」，也帶給世界多種自信——

自主探索的自信。中國特色社會主義政治制度是中國共產黨和中國人民的偉大創造。在中國成功之前，西化幾乎是一些國家的唯一選擇，它們將華盛頓共識奉為圭臬，很少有國家相信自主探索發展道路能夠最終成功。當前，在西方普遍遭遇民粹主義、民族主義衝擊，政黨政治、政治文明大滑坡之際，世界從中國身上看到，各國應走符合自身國情的發展道路。這還原了世界多樣性，樹立了人類政治文明的新自信。

社會主義自信。十九大報告指出，中國特色社會主義進入新時代，意味著科學社會主義在二十一世紀的中國煥發出強大生機活力，在世界上高高舉起了中國特色社會主義偉大旗幟。中國特色社會主義進入新時代，意味著中國特色社會主義道路、理論、制度、文化不斷發展，拓展了發展中國家走向現代化的途徑，給世界上那些既希望加快發展又希望保持自身獨立性的國家和民族提供了全新選擇。

全球化自信。十九大報告強調，各國人民要同舟共濟，促進貿易和

投資自由化便利化，推動經濟全球化朝著更加開放、包容、普惠、平衡、共贏的方向發展。在「全球化」與「逆全球化」進程深度博弈的當下，「中國方案」將引領探索更加公平公正、包容普惠的全球化新理念，開拓全球化新道路。

全球治理自信。當今世界格局出現顯著變化，國際形勢客觀上需要中國在全球舞臺上更加積極作為。十九大報告明確強調要「堅持推動構建人類命運共同體」「始終做世界和平的建設者、全球發展的貢獻者、國際秩序的維護者」。報告對新型國際關係內涵做出界定──「相互尊重，公平正義，合作共贏」。這三個關鍵字旨在推動各國擯棄傳統的以強凌弱的叢林法則，鞏固大小國家一律平等這一中國外交的優良傳統。世界命運握在各國人民手中，人類前途繫於各國人民的抉擇。中國人民願同各國人民一道，推動人類命運共同體建設，共同創造人類的美好未來。

中國共產黨是為中國人民謀幸福的政黨，也是為人類進步事業而奮鬥的政黨。中國共產黨始終把為人類作出新的更大的貢獻作為自己的使命。中共給世界帶來自信，而當這些自信轉化為行動自覺，將進一步推動人類命運共同體的構建，推動一個更加美好世界的形成。

作者為中國人民大學「歐盟讓·莫內講席」教授、

國際事務研究所所長

原刊於《人民日報海外版》（2017年11月28日第1版）

為構建人類命運共同體貢獻
「博鰲智慧」

陳須隆

　　面向世界，面向未來，習近平提出「人類命運共同體」這一重大理念，充分體現了世界級領導人的視野和擔當。作為國家主席，他三次在博鰲亞洲論壇年會上發表主旨演講，宣導和推動構建人類命運共同體，也為博鰲亞洲論壇賦予了新時代的崇高使命。正如聯合國祕書長古特雷斯所言，博鰲亞洲論壇已成為實現全人類幸福尊嚴、實現人類命運共同體的重要平臺。而習近平在博鰲亞洲論壇上的重要演講也為世界前途命運提供了「中國智慧」和「中國方案」。

　　為人類命運勾畫美好願景。在博鰲亞洲論壇二〇一三年年會上的主旨演講中，習近平指出，我們生活在同一個地球村，應該牢固樹立命運共同體意識，順應時代潮流，把握正確方向，堅持同舟共濟，推動亞洲和世界發展不斷邁上新臺階。在博鰲亞洲論壇二〇一五年年會上的主旨演講中，習近平強調，亞洲越來越成為你中有我、我中有你的命運共同體；要通過邁向亞洲命運共同體，推動建設人類命運共同體。在博鰲亞洲論壇二〇一八年年會上的主旨演講中，習近平呼籲，各國人民同心協力、攜手前行，努力構建人類命運共同體，共創和平、安寧、繁榮、開放、美麗的亞洲和世界。

　　為亞洲發展指示前行方向。在博鰲亞洲論壇二〇一五年年會上，習近平發表題為《邁向命運共同體　開創亞洲新未來》的主旨演講，確定了構建亞洲命運共同體的大方向和基本遵循。他強調，亞洲是世界的亞

洲。亞洲要邁向命運共同體、開創亞洲新未來，必須在世界前進的步伐中前進、在世界發展的潮流中發展。

為全球未來提供全新路徑。在博鰲亞洲論壇二〇一八年年會上的主旨演講中，習近平為構建亞洲和人類命運共同體提供了「五位元一體」的總路徑。簡言之，政治上要走對話而不對抗、結伴而不結盟的國與國交往新路，安全上要走共同、綜合、合作、可持續安全的新路，經濟上要走開放融通、互利共贏的新路，文化上要走兼容並蓄、和而不同的新路，生態上要走生產發展、生活富裕、生態良好的文明發展新路。習近平還特別強調，要走開放共贏和變革創新的時代新路。

自中共十九大以來，中國推動構建人類命運共同體進入了一個嶄新的階段。十九大報告把堅持推動構建人類命運共同體作為新時代堅持和發展中國特色社會主義的基本方略之一，並寫入新修改的《中國共產黨章程》。通過修憲又將推動構建人類命運共同體寫入憲法。這些重大舉措頗具歷史性，並且具有劃時代意義。從此，推動構建人類命運共同體，不僅是習近平外交思想的核心與精髓，而且上升為黨和國家的意志，充分體現了中國將自身發展與世界發展相統一的全球視野、世界胸懷和大國擔當，成為新時代中國特色大國外交的鮮明標誌。

作為推動構建亞洲和人類命運共同體的重要平臺，博鰲亞洲論壇發揮了獨特而重要的作用，得到了習近平主席的高度肯定。衷心希望博鰲亞洲論壇繼續高揚推動構建亞洲和人類命運共同體的旗幟，匯聚「博鰲智慧」、打造「博鰲方案」，沿著習近平主席指明的方向和道路奮勇前行。

作者為中國國際問題研究院國際戰略研究所所長、研究員
原刊於《人民日報海外版》（2018年4月16日第1版）

二〇一八：世界都在說，中國話更實

賈秀東

　　在歲末年初、辭舊迎新之際，各國家、國際組織領導人紛紛發表談話，談希望，話挑戰，彰顯了和平與發展仍然是時代的主題。

　　聯合國祕書長古特雷斯在致辭中表達了對世界和平「赤字」的憂慮，認為有必要在二〇一八年元旦向世界發出一個「紅燈警報」。他表示，一年前上任時曾呼籲讓二〇一七年成為和平的一年，但「遺憾的是，從根本上說，世界並未走向和平」。從世界範圍看，二〇一七年的世界經濟與世界政治成了兩股道上步伐不協調的馬車。世界經濟進入相對強勢復甦的軌道，但在國際政治領域特別是地緣政治領域，各種不穩定不確定因素日益增多，諸多新問題新挑戰層出不窮。

　　地處亞太地區的朝鮮半島，在元旦之際出現了一絲從對抗走向對話的曙光。朝鮮最高領導人金正恩在新年賀詞中表示，朝鮮有意派代表團參加將在韓國舉行的平昌冬奧會，北南當局可以就此進行緊急會談。第二天，韓國總統文在寅作出積極回應。為此朝韓剛剛恢復了板門店電話聯絡管道。在朝鮮半島經歷了一段劍拔弩張的時期之後，朝韓利用新年和冬奧會之機互拋橄欖枝，值得讚賞和鼓勵。當然，冰凍三尺，非一日之寒，半島局勢總是一波三折。朝鮮領導人與美國總統特朗普新年仍然不忘隔空「互懟」。但願半島示強與對抗的惡性循環能夠被打破，讓和平的曙光照亮對抗的黑洞。

　　在歐亞大陸的另一端，歐洲曾深受政治、經濟、安全領域的「三重危機」疊加的影響。當前，經濟有了復甦勢頭，但基礎依然脆弱。政治

動盪、恐襲頻發的局面沒有明顯改觀。振興與團結，無疑成了歐洲國家領導人特別關心的議題。法國總統馬克龍在新年賀詞中重申繼續推動改革的決心，稱二〇一八年法國將著力發展民生工程，呼籲法國民眾支援他實現「法蘭西的復興」。默克爾在新年致辭中為德國的團結而擔憂，呼籲本國民眾保持團結。英國首相特雷莎‧梅在賀詞中聚焦英國「脫歐」，聲稱政府將與國民團結一致克服困難，二〇一八年將成為英國「重拾自信和驕傲的一年」。俄羅斯總統普京則在新年賀詞中強調「團結、友誼和對祖國無私的愛能使力量倍增」。

相比之下，中國領導人的新年賀詞更有血有肉，不馳於空想，不騖於虛聲，乾貨更多，內容更實，從小處心繫民生冷暖，充滿人民情懷；從大處著眼構建人類命運共同體，盡顯天下擔當。

習近平主席在賀詞中引述了過去一年國計民生發展的一連串數字，這些實實在在又來之不易的數字帶給人們的是更多的獲得感、幸福感、安全感。習近平在賀詞中也坦言：人民群眾最關心的就是教育、就業、收入、社保、醫療、養老、居住、環境等方面的事情，大家有許多收穫，也有不少操心事、煩心事。這樣的話直抵人心，充滿力量。

習近平在賀詞中指出，「天下一家。中國作為一個負責任大國，也有話要說」。中國堅定維護聯合國權威和地位，積極履行應盡的國際義務和責任，信守應對全球氣候變化的承諾，積極推動共建「一帶一路」，始終做世界和平的建設者、全球發展的貢獻者、國際秩序的維護者。這番話凸顯了中國作為世界大國的自信和風範。

和平與發展仍然是時代的主題，也依然任重而道遠。正如習近平所說，幸福都是奮鬥出來的。同樣，世界的和平與發展也是奮鬥出來的。中國對未來之路做出了戰略抉擇，世界各國也應在新的一年裡思考和選擇未來之路。

作者為本報特約評論員、中國國際問題研究院特聘研究員

原刊於《人民日報海外版》（2018年1月5日第1版）

中國機遇期也是世界機遇期

王義桅

習近平總書記一月五日在學習貫徹黨的十九大精神研討班開班式上發表重要談話，鮮明指出，當前，中國正處於一個大有可為的歷史機遇期。

中國共產黨不僅是為中國人民謀幸福、為中華民族謀復興的政黨，也是為人類的進步事業而奮鬥的政黨。中國機遇期，也是世界機遇期。

和平、發展、合作、共贏是時代的潮流，也是中國外交高舉的鮮明旗幟。中國的機遇期，通過和平、發展、合作、共贏的維度，轉化為世界機遇期。

和平的機遇期。和平是前提，沒有和平，發展、合作、共贏就變成空話；發展、合作、共贏也在捍衛和平、鞏固和平。中國推行獨立自主的和平外交政策，是派送聯合國維和部隊最多的國家。中國力量是和平力量，中國機遇是和平機遇。對世界熱點問題，如巴以、阿巴、孟緬爭端，中國勸和促談，使之降溫、穩定。對世界不穩定根源「貧困」，對內，中國通過脫貧致富、精準扶貧和共同富裕，逐步予以消除，對外，中國歡迎各國搭乘中國快車。

發展的機遇期。發展是解決一切問題的總鑰匙。中國發展經過量的積累進入質的提升階段，已經由高速增長階段轉向高品質發展階段，中國巨輪正在駛出歷史的峽谷，進入「海闊憑魚躍」的寬廣水域，是世界發展的動力源和壓艙石。作為世界第二大經濟體，中國經濟增長對世界經濟增長的貢獻率超過美國、歐洲和日本的總和，科技進步對經濟增長的貢獻率已經超過百分之五十六，消費對GDP增長的貢獻率突破六

成……中國通過創新、協調、綠色、開放、共享的發展理念推動世界發展轉型。

合作的機遇期。聯合國巴黎氣候變化協議、伊朗核問題達成協議等，都是中國宣導、力推並與世界合作推動實現的。中國宣導和推進「一帶一路」，讓昔日「流淌著牛奶和蜂蜜的地方」再次為沿線各國人民帶來福祉。「一帶一路」成為當今世界最大的合作平臺之一。中國宣導的相互尊重、公平正義、合作共贏的新型國際關係日益深入人心。

共贏的機遇期。從世界看，贏者通吃的競爭法則、零和博弈的思維導致「世界之亂」；合作共贏、改革開放的中國則呈現「中國之治」，兩者形成鮮明對比，全球的目光正在東移，中國的風景成為越來越多國家的憧憬。人類命運共同體將共贏的理念從國與國上升到地區與地區、人與自然等高度，被聯合國安理會、聯合國大會及聯合國專門機構寫進其決議，成為國際共識。

和平、發展、合作、共贏的時代潮流和戰略機遇，是通過改革開放來闡釋的。中國機遇期，也是世界的機遇期，也主要通過改革開放的路徑實現的。

改革的機遇。中國的改革推動世界的改革。從G20杭州峰會結構性改革的承諾，到中國共產黨與世界政黨高層對話會的改革信念，中國在世界上高舉改革的大旗，以自身改革推動各國的改革、國際體系的改革。向改革要活力，向改革要機遇，成為各執政黨和各國的共識。

開放的機遇。中國的開放推動世界的開放。在貿易、投資保護主義興起，反全球化思潮盛行的世界，中國高舉開放的大旗，促進貿易和投資自由化便利化，推動經濟全球化朝著更加開放、包容、普惠、平衡、共贏的方向發展。

中國特色社會主義進入新時代，拓展了發展中國家走向現代化的途徑，給世界上那些既希望加快發展又希望保持自身獨立性的國家和民族

提供了全新選擇，為解決人類問題貢獻了中國智慧和中國方案。

　　大有可為的機遇期，造福中國也造福世界。從增長貢獻、貿易貢獻，到減貧貢獻、綠色貢獻，再到發展經驗貢獻、社會治理經驗貢獻，今天的中國，已經成為世界經濟增長的主要動力源和穩定器，成為世界和平發展、人類文明進步的重要維護者和推動者。世界好，中國才能好；中國好，世界會更好。中國機遇期，也是世界的機遇期。

作者為中國人民大學習近平新時代中國特色社會主義思想研究院副院長

原刊於《人民日報海外版》（2018年1月18日第1版）

中國進則世界進　中國好則世界好

胡鞍鋼

　　國家統計局十八日發布資料，二〇一七年中國國內生產總值
（GDP）827122億元，比上年增長6.9%，實現二〇一一年以來的首次回
升。二〇一七年中國經濟穩中向好、好於預期，經濟活力、動力和潛力
不斷釋放，穩定性、協調性和可持續性明顯增強。

　　相比經濟增速，中國更看重發展品質，追求「穩中求進」「穩中向
好」。作為拉動世界經濟增長的最大動力源，中國的「穩」「進」「好」，
是世界之福。中國進則世界進，中國好則世界好。這一點在進出口貿易
上體現充分。

　　二〇一七年中國進出口貿易額大幅增長，達27.79萬億元人民幣，
比二〇一六年增長14.2%，明顯超過二〇一四年高峰年。其中，出口額
15.33萬億元，比上年增長10.8%；進口額12.46萬億元，增長18.7%；貿
易順差降至2.87萬億元，收窄14.2%。

　　中國外貿增長特別是進口額的高增長，對世界直接產生良好的溢出
效應。一是對拉美和非洲等新興市場，中國進口增長22%，出口增長
17.3%；　二是對歐美日發達經濟體市場，中國進出口增長14.8%；三是
對能源資源出口型市場，中國原油進口增長10.1%，天然氣增長
26.9%，直接帶動了全球大宗產品價格回升；四是對技術進口型市場，
中國出口汽車增長高達 27.2%，電腦增長16.6%，醫療儀器及器械增長
10.3%。

　　中國帶動了全球進出口市場恢復性增長。據世界貿易組織統計，二
〇一七年前三個季度，全球七十個主要經濟體貨物貿易出口增長9%以

上，創歷史紀錄，既有恢復性增長一面，也有再進一步增長一面，世界有望告別十年國際金融危機困局。

在經濟全球化大背景下，中國與世界，同進同退。改革開放四十年，正是中國對外開放融入世界經濟的四十年，按貨物進出口額指標看，中國從一九七八年的第二十九位躍至世界第一位。不過也曾出現三次負增長。而每次負增長不久，中國也不斷幫助世界復甦。

第一次是因亞洲金融危機的外部衝擊，一九九八年中國進出口總額比上年下降0.4%，其中進口總額下降1.5%，出口總額則增長0.4%。而後幾年中國進出口總額持續增長，不僅帶動了亞洲地區進出口貿易增長，也帶動了世界貿易增長，不過那時中國的貿易總量僅居世界第十位。

第二次是因國際金融危機的外部衝擊，二〇〇九年中國貨物進出口貿易總額比上年下降16.3%，其中進口總額下降13.7%，出口下降18.3%。之後幾年中國進出口總額持續增長，更大範圍地帶動世界貿易增長，到二〇一三年中國貿易總量已躍居世界第一，取代了美國，如同一百年前美國取代英國。

第三次是二〇一四年中國進出口總額達26.42萬億元，之後持續兩年下降，二〇一六年降至24.34萬億元人民幣，比二〇一四年減少了2.08萬億元，同比下降7.9%。主要原因是外因，即世界貿易持續大幅度下降。按美元計算的世界貨物進出口總額，由二〇一四年的37.96萬億美元減少至二〇一六年的32.18萬億美元，下降了15.2%。而今，中國進出口貿易額大幅增長，再度帶動世界。

當前，中國經濟已由高速增長階段轉向高品質發展階段。中國經濟巨輪，實現了穩中求進，正在追求進中求好。中國好，則世界好。

作者為清華大學國情研究院院長

原刊於《人民日報海外版》（2018年1月19日第1版）

中國發展造福世界

王義桅

三月十七日上午，十三屆全國人大一次會議選舉習近平為中華人民共和國主席。消息宣布後，一些國家的領導人第一時間致電或致函習近平主席，表示熱烈祝賀。

賀電賀函中，習近平主席的「崇高威望」「豐功偉業」、中國「過去五年取得令人矚目的發展成就」、中國夢「造福全球各國人民」等，是關鍵字、關鍵句。各國領導人的祝賀，體現了一個普遍的共識——習主席的領導造福中國和世界。正如塞爾維亞總統武契奇表示，「堅信在您的領導下，中國人民必將實現偉大復興的中國夢，中國復興必將有利於維護世界和平、穩定，造福全球各國人民」。

這些電函表明，很多國家的領導人認識到，習近平新時代中國特色社會主義思想、中國的發展和復興，都有著鮮明的世界性，對世界有益。

首先，從出發點看，中國考慮世界利益。在二○一六年新年致詞中，習主席說了一句廣為流傳的話：世界那麼大，問題那麼多，國際社會期待聽到中國聲音、看到中國方案，中國不能缺席。習主席多次對國際社會講，世界好，中國才能好；中國好，世界才更好。中國與世界相互依存，命運與共，中國常把自身發展同其他國家的利益放在一起來考慮。中國所追求的目標，包括造福世界。

作為執政黨的中國共產黨，始終把為人類作出新的更大的貢獻作為自己的使命。正如中共十九大報告指出，中國共產黨是為中國人民謀幸福的政黨，也是為人類進步事業而奮鬥的政黨。

其次，從行為方式看，中國積極攜手世界。中國特色大國外交高舉和平、發展、合作、共贏旗幟。中國積極通過世界能接受和認可的方式，來解決中國和世界共同面臨的問題。比如世界各國都存在腐敗問題，各國不應有避罪天空，反腐應該加強國際合作。二〇一四年北京APEC會議上，二〇一六年G20杭州峰會上，中國都推動了全球反腐合作。

最能表明習近平新時代中國特色社會主義思想的世界性的，莫過於「人類命運共同體」理念、「新型國際關係」理念及「一帶一路」倡議。中國歡迎各國搭乘中國發展的快車、便車，希望推動建設相互尊重、公平正義、合作共贏的新型國際關係，建設持久和平、普遍安全、共同繁榮、開放包容、清潔美麗的世界。

中共十九大報告中提出，開放帶來進步，封閉必然落後。中國開放的大門不會關閉，只會越開越大。中華民族偉大復興的中國夢，與其他各國夢想相融通。近年來，習主席在達沃斯論壇、「一帶一路」國際合作高峰論壇、中國共產黨與世界政黨高層對話會等場合的演講，均引起強烈反響。這裡體現的正是思想的魅力，中國的魅力。

作者為中國人民大學習近平新時代中國特色社會主義思想研究院副院長
原刊於《人民日報海外版》（2018年3月19日第1版）

「天下為公」方顯大國擔當

蘇曉暉

世界經濟論壇二〇一八年年會舉行之際，全球目光再次聚焦中國。

各方賓客念念不忘習近平主席在二〇一七年年會發表的重要演講。論壇創始人兼執行主席施瓦布教授表示，今年年會主題定為「在分化的世界中打造共同命運」，意在繼續順承習近平主席去年在論壇主旨演講中提到的「共建人類命運共同體」的主張。

中國理念引發全球共振，核心在於「天下為公」。

「天下為公」是中國看待世界發展的獨特視角。中國認為，世界格局正處在一個加快演變的歷史性進程之中。和平、發展、合作、共贏的時代潮流更加強勁。西方實力相對下降，「南升北降」是大勢所趨，國際力量對比朝著更趨均衡的方向發展。各國相互聯繫日益緊密，相互依存日益加深。任何國家或國家集團都無法單獨主宰世界事務，零和博弈和冷戰思維已過時。國際社會日益成為命運共同體。

「天下為公」是中國參與國際事務的基本原則。中共十九大報告指出，中國共產黨是為中國人民謀幸福的政黨，也是為人類進步事業而奮鬥的政黨。一方面，中國把自己的事情做好，本身就是對構建人類命運共同體的貢獻。二〇一七年，中國經濟以百分之六點九的增速在全球主要經濟體中一枝獨秀，對世界經濟增長的貢獻率約百分之三十，是舉足輕重的穩定器與壓艙石。與此同時，中國通過發展給世界創造更多機遇，通過深化自身實踐探索人類社會發展規律並同世界各國分享。中國堅持引進來和走出去並重，與各國擴大雙向投資和貿易往來，共建開放型世界經濟，為經濟全球化注入新動力。

「天下為公」是中國應對世界難題的有效處方。中國致力於將各國人民對美好生活的嚮往變為現實。習主席提出了「五位一體」的設計：堅持對話協商，建設一個持久和平的世界；堅持共建共享，建設一個普遍安全的世界；堅持合作共贏，建設一個共同繁榮的世界；堅持交流互鑒，建設一個開放包容的世界；堅持綠色低碳，建設一個清潔美麗的世界。這一主張為世界各國共克時艱、同舟共濟指明方向。

　　「天下為公」是中國描繪世界藍圖的未來願景。建立公正合理的國際秩序是人類孜孜以求的目標。世界命運應該由各國共同掌握，國際規則應該由各國共同書寫，全球事務應該由各國共同治理，發展成果應該由各國共同分享。構建人類命運共同體，就是要實現共贏共享。

　　中國宣導的構建人類命運共同體是人類社會的偉大進程和目標。中國智慧和中國方案順應人類發展進步潮流，符合世界各國的共同願望，同時也需要世界各國一代又一代人不斷奮鬥才能最終得以實現。

　　「天下為公」是中華文明的世界貢獻，是中國特色大國外交的精神風骨，也是中國共產黨的歷史責任與擔當。

作者為中國國際問題研究院國際戰略研究所副所長
原刊於《人民日報海外版》（2018年1月27日第1版）

中國夢的世界意義與文明擔當

王義桅

中共十九大報告指出，中國特色社會主義進入了新時代，這是中國發展新的歷史方位。

這意味著，近代以來久經磨難的中華民族迎來了從站起來、富起來到強起來的偉大飛躍，迎來了實現中華民族偉大復興的光明前景；意味著中國特色社會主義道路、理論、制度、文化不斷發展，拓展了發展中國家走向現代化的途徑，給世界上那些既希望加快發展又要保持自身獨立的國家和民族提供了新選擇，為解決人類問題貢獻了中國智慧和中國方案。

這表明，中國與世界的關係發生了近代以來最為深刻的變化。中國共產黨全心全意為人民服務的宗旨，不僅體現在為中國人民謀幸福，為中華民族謀復興，而且體現在宣導構建人類命運共同體，建設持久和平、普遍安全、共同繁榮、開放包容、清潔美麗的世界。

中國的世界期待也折射出世界的中國期待。當前，各方對人類和平與發展的前景既有期待，也有憂慮，期待中國表明立場和態度。中國的回答是：始終做世界和平的建設者、全球發展的貢獻者、國際秩序的維護者。中國人民願同各國人民一道，共同開闢人類更加繁榮、更加安寧的美好未來。

洞悉世界的中國期待，中國國家主席習近平提出「一帶一路」倡議，開闢了中國從參與到引領全球開放合作的新境界。

五年來，在各參與方共同努力下，「一帶一路」逐漸從倡議變為行動，從理念轉化為實踐，成為當今世界規模最大的國際合作平臺和最受

歡迎的國際公共產品之一。

從人類歷史上看，大國崛起一定會提出引領世界未來的合作倡議和價值理念。「一帶一路」及其背後的人類命運共同體理念就承載著這一使命。「一帶一路」首先是中國新時代全方位開放戰略，又是推行新型全球化和新型全球治理的合作倡議，同時還是融通中國夢與世界夢、實踐人類命運共同體的偉大事業。

中國通過改革開放而影響世界，讓世界上七億人脫貧，占世界脫貧貢獻率的七成，中國模式正在打破西方所謂普世價值的神話。如今，中國倡議、中國方案、中國智慧正在塑造和引領全球化和全球治理。

作為世界大國與文明古國，中國不僅要實現自身的現代化，也要幫助其他發展中國家實現現代化；不僅自己充滿「四個自信」，也樂見其他國家有「自信」；不僅要有中國特色，也樂見其他國家特色；不僅自己要強起來，也要和世界一起實現人類文明的永續發展。這就是中國夢的世界意義與文明擔當。

在新的歷史起點上，中國前所未有地走近世界舞臺中心，前所未有地接近實現中華民族偉大復興的中國夢，前所未有地具有實現這個目標的能力和信心。

作者為中國人民大學習近平新時代中國特色社會主義思想研究院副院長
原刊於《人民日報海外版》（2018年2月22日第1版）

全球安全治理的中國方向

蘇曉暉

　　日前，第五十四屆慕尼黑安全會議舉行。會議期間，中美兩國就國際安全環境、核領域全球治理等問題各自闡述立場，中方特別回應了美方別有用心提出的「中國威脅論」。

　　中國注意到美國安全戰略的變化。美國於二〇一七年十二月、二〇一八年一月和二月分別發布國家安全戰略、國防戰略和核態勢評估報告。三份報告均為美國安全政策的重要標杆，一脈相承地將中俄作為美戰略對手，凸顯大國博弈，反映出美對世界發展態勢及自身安全定位的認知。特朗普政府秉持「以力量求安全」思路，致力於加強軍事投入，擴大美軍事優勢，並有意降低核武器使用門檻，由此引發多方對核災難風險增加的憂慮。

　　美執意調整核態勢的同時，不忘拿所謂「中國威脅」做藉口。對此，中方明確指出美方是毫無根據的，更進一步表明了中國對國際安全形勢的看法和安全政策理念。

　　中國堅持核軍控和不擴散目標。中國自身核武庫規模非常小，堅持自衛防禦的核戰略，維持最低限度的核威懾。中國始終奉行在任何時候、任何情況下都不首先使用核武器的政策，無條件地承諾不對無核武器國家和無核武器區使用或威脅使用核武器。在以身作則的同時，中國敦促其他核國家避免任意妄為。大國間戰略互信受損將危及全球安全。

　　中國為全球安全治理指明方向。中國支持安全的普遍性，不能一個國家安全而其他國家不安全，也不能一部分國家安全而另一部分國家不安全，更不能犧牲別國安全謀求自身所謂絕對安全。同盟體系將小團體

利益置於公共利益之上，更動輒將小團體外的國家作為對手和威脅，這種方式有違世界一體化趨勢，將製造更多不安全的惡果，損人不利己。

中國針對地區問題發揮穩定正能量。中國指出，朝鮮半島核問題背後是互信的嚴重缺失。美軍及其盟友對朝鮮的軍事敵對只會加深矛盾，朝鮮擁核自保也無法實現自身的安全目標。中國重申應通過和平談判，照顧各方安全關切。面對近期朝韓利用平昌冬奧會進行接觸，中國鼓勵美國不要錯過談判契機，幫助半島走出相互刺激、螺旋下降的惡性循環。

面對全球各類複雜多變的安全挑戰和形形色色的「中國威脅論」，中國始終強調構建人類命運共同體，推動營造公道正義、共建共享的安全格局，宣導綜合安全、共同安全、合作安全、可持續安全的新安全觀。

作者為中國國際問題研究院國際戰略研究所副所長
原刊於《人民日報海外版》（2018年2月24日第1版）

世界目光聚焦中國兩會

蘇曉暉

全國政協十三屆一次會議和十三屆全國人大一次會議將分別於三月三日和三月五日在北京開幕。目前已有三千多名中外記者報名採訪全國兩會，其中境內記者兩千人左右，港澳臺記者和外國記者一千多人。兩會再次成為世界觀察中國的絕佳窗口。

「中國強大」是各國密切關注中國的核心議題。二〇一八年是國際金融危機爆發十週年，世界經濟回暖向好但風險猶存，復甦脆弱且缺乏可持續性。中國對世界經濟增長的貢獻率在百分之三十以上。兩會召開前夕，國務院公布了二〇一七年《政府工作報告》量化指標任務的落實情況表。二〇一七年中國GDP首次突破八十萬億元人民幣大關，同比增長百分之六點九，投資、基礎設施建設等指標也已完成。一些西方經濟學家坦言，沒有中國強勁增長動力支撐，世界經濟將陷入嚴重困境。各國看重中國在世界經濟中的分量，由此關心中國兩會將有哪些新目標。

「中國氣象」是多方細心研判中國的重要視角。伴隨著中共十九大召開，中國共產黨與世界政黨高層對話會舉行，中國的新時代新氣象新作為吸引著世界的目光。習近平新時代中國特色社會主義思想成為全黨全國人民為實現中華民族偉大復興而奮鬥的行動指南。中國特色社會主義道路、理論、制度、文化不斷發展，拓展了發展中國家走向現代化的途徑，給世界上那些既希望加快發展又希望保持自身獨立性的國家和民族提供了全新選擇，為解決人類問題貢獻了中國智慧和中國方案。世界格外重視中國在各領域各層面的新作為，在驚歎之餘更添學習借鑑之

意。兩會將再次展現站在歷史重要節點上的中國所釋放出的強大勢能。

「中國擔當」是世界熱切期盼的中心內容。伴隨綜合實力提升，中國發展的輻射效應日益增強。同時，中國以更加自信有為的姿態積極參與全球治理，日益走近國際舞臺中央。中國致力於建設開放型世界經濟，促進貿易和投資自由化便利化，助推開放發展時代潮流。中國與多國正深入推進「一帶一路」建設，為各國務實合作搭建新平臺，打造世界互利共贏新格局。中國為各國提供和諧相處、共謀發展的全新思路和選擇，推動構建新型國際關系，推動構建人類命運共同體。中國支援全球治理體系變革，著眼人類共同和長遠利益，呼籲國際社會協力應對恐怖主義、網路安全、重大傳染性疾病、氣候變化等威脅和挑戰。二〇一八年，中國將舉辦博鰲亞洲論壇、上海合作組織峰會、中非合作論壇峰會和中國國際進口博覽會等主場外交活動。各國希望通過中國兩會更多瞭解中國對世界發展的議程設置。

二〇一八年是全面貫徹中共十九大精神的開局之年，是決勝全面建成小康社會、實施「十三五」規劃承上啟下的關鍵之年，也是改革開放四十週年。春回大地，萬物更新。二〇一八年春季召開的中國兩會將為世界帶來暖意和活力。

作者為中國國際問題研究院國際戰略研究所副所長

原刊於《人民日報海外版》（2018年3月3日第1版）

長征精神何以飲譽全球？

嚴　冰

　　提起長征，幾乎每個中國人，都會想起毛澤東主席「紅軍不怕遠征難，萬水千山只等閒」的豪邁詩句，「長征是宣言書，長征是宣傳隊，長征是播種機」的莊嚴文辭。外國人怎麼看長征？如何評價長征？這是令人感興趣的話題。

　　曾任美國總統國家安全事務助理的著名學者布熱津斯基，一九八一年七月攜全家到四川安順場旅遊，參觀了當年中央紅軍勝利渡過的大渡河。回去之後，感觸頗深，立刻寫下了一篇題為《沿著長征路線朝聖記》的文章，描述自己的感受：「在我們走近大渡河時，曾經一度懷疑它是否真的像長征戰士在回憶錄中描述的那樣水流湍急，險象環生；及至親眼目擊，才知並非言過其實。這條河水深莫測，奔騰不馴，加上洶湧翻騰的旋渦，時時顯露出河底參差猙獰的礁石，令人觸目驚心，不寒而慄！」由此，布熱津斯基不得不由衷地欽佩中國共產黨及其領導下的中國工農紅軍，在如此的艱苦環境下，依然取得了長征的輝煌勝利。

　　在美國作家索爾茲伯里筆下，長征是「前所未聞的故事」。在美國記者愛德格・斯諾的筆下，長征是「驚心動魄的史詩」，他還認為，與紅軍長征相比，西元前二世紀西方戰略之父漢尼拔翻越阿爾卑斯山的進軍，不過是一次輕鬆的假日遠行。英國元帥蒙哥馬利讚譽長征「是本世紀最偉大的軍事史詩，是一次體現出堅忍不拔精神的驚人業績」。韓國等亞洲國家也十分關注「長征精神」。韓國媒體評論說，長征是中國共產黨創造的奇蹟，不理解「長征精神」，就不能理解中國，就無法同中國進行充分的交流。他們認為，長征是人類史上的奇蹟，從「長征精

神」中，可以看到中國在現代世界史中將發揮中心作用的潛力。

　　筆者研究發現，八十年來，許多國際友人對長征表現出濃厚的興趣，盛讚紅軍長征。他們中有著名的領袖人物、軍事統帥，也有專程來中國採訪報導的記者、作家，更有一些外國人來到中國重走長征路，體驗長征精神。其中有一些外國人，先是抱著好奇甚至懷疑的態度來看待長征這一事件，但在對長征有了深入的瞭解和思索後，他們都成為了長征的讚頌者和崇拜者。他們中的許多人，對紅軍在長征中所表現出來的英勇無畏的精神，給予了高度讚揚。他們認為，長征精神不僅是一種民族精神，更是全世界共享的精神財富。

　　為什麼越來越多的外國人產生了濃濃的「長征情結」？「長征精神」憑什麼引起全世界人們的稱頌？

　　我想，答案一定是，中國共產黨的「長征精神」與人類所推崇的奮鬥精神、英雄氣概有很多共通之處。詩人說得好，穿過風雪，就有了風雪的堅韌；走過草地，就有了草地的深邃；翻過大山，就有了大山的抱負；涉過大河，就有了大河的豪邁。長征是考驗，長征是歷練，長征更是一曲人類在極限中求生存、在絕境中顯奮鬥的凱歌。走過了二萬五千里長征的中國共產黨及其領導的人民軍隊，從此所向披靡，從勝利走向勝利，最終迎來了「百萬雄師過大江」的全國解放。

　　從外國人的「長征情結」可以看出：長征，不僅是中華民族一部驚天動地的英雄史詩，也是震驚世界的偉大事件，是人類歷史上無與倫比的壯舉。中國工農紅軍在長征中所表現出來的大無畏的英雄氣概和艱苦卓絕的鬥爭精神，早已超越了時空，走向世界，成為全人類共同的寶貴精神財富。

作者為本報高級編輯

原刊於《人民日報海外版》（2016年10月11日第1版）

中國新型政黨制度的啟示

楊　凱

進入二十一世紀以來，中國給世界的總體印象大概可以用兩個標點符號來表示。

一個是驚嘆號，這意味著某種驚訝。一個體量巨大、情況複雜的發展中國家，長時間保持穩定，實現跨越式發展，成了世界第二大經濟體，成了全球治理擔當者——這是真的！

另一個是問號，這意味著某種好奇。世界希望洞悉中國發展的奧妙，希望理解中國社會的運轉機理。政黨政治是現代政治的主要運作方式，可謂「全球同此涼熱」，但為什麼和西方普遍存在的兩黨制、多黨制不同，中國共產黨能夠在中國長期執政、全面領導，並取得巨大成功？

對此，中國當然有自己的答案，只不過中國的答案並不存在於西方傳統的政治教科書中。

全國兩會是外界觀察中國、獲取答案的絕佳窗口。三月四日下午，中共中央總書記、國家主席、中央軍委主席習近平在看望參加全國政協十三屆一次會議的民盟、致公黨、無黨派人士、僑聯界委員並參加聯組會時，對中國政黨制度作出重要表述，闡明了中國的政治運轉特點和政治邏輯。

習近平指出，中國共產黨領導的多黨合作和政治協商制度作為中國一項基本政治制度，是中國共產黨、中國人民和各民主黨派、無黨派人士的偉大政治創造，是從中國土壤中生長出來的新型政黨制度。

新型政黨制度，新在哪裡？

其一，新在更加真實、廣泛、持久的代表性。中國政黨制度是馬克

思主義政黨理論同中國實際相結合的產物，能夠真實、廣泛、持久代表和實現最廣大人民根本利益、全國各族各界根本利益，有效避免了舊式政黨制度代表少數人、少數利益集團的弊端。

其二，新在團結奮鬥而不是惡性競爭的政黨關係。中國並不是只有中國共產黨這一個政黨，還存在著其他民主黨派和無黨派人士，而中國的政黨制度把各個政黨和無黨派人士緊密團結起來、為著共同目標而奮鬥，有效避免了一黨缺乏監督或者多黨輪流坐莊、惡性競爭的弊端。

其三，新在決策更加民主高效的制度體系。它通過制度化、程式化、規範化的安排集中各種意見和建議、推動決策科學化民主化，有效避免了舊式政黨制度囿於黨派利益、階級利益、區域和集團利益決策施政導致社會撕裂的弊端。

應該說，中國的新型政黨制度是一個有根有魂的制度。說它有根，就在於這個制度是植根於中國的歷史—社會—文化土壤之中的。它不僅符合當代中國實際，而且符合中華民族一貫宣導的天下為公、兼容並蓄、求同存異等優秀傳統文化。它從中國歷史的文明綿延中走來，在中國當代的偉大實踐中完善，向中國未來的光明前景走去。說它有魂，在於中國共產黨一向秉持多黨合作建立之初心，不斷推進政治協商、民主監督、參政議政，與各民主黨派和無黨派人士一起，不懈發展出更廣泛、更有效的民主。正因為如此，在過去極不平凡的五年中，中國發揮出獨特的制度優勢；也正因為如此，新時代裡，中國必將凝聚起更為磅礴的奮鬥偉力。

世界格局在變，發展格局在變。中國的新型政黨制度，是對人類政治文明的重大貢獻。它給世界的啟示很樸素，也很寶貴，那就是任何政黨要發展好自身、領導好國家，都必須求真務實、推陳出新，完善自己的制度、走好自己的路。

作者為本報主任編輯
原刊於《人民日報海外版》（2018年3月5日第1版）

歡迎搭乘中國發展的快車便車

王義桅

在敦煌，適合思考，尤其適合思考「一帶一路」話題。

九月十九日，二〇一七「一帶一路」媒體合作論壇在敦煌舉行。四年來，「一帶一路」倡議的國際影響日益顯現，無論是從「中國倡議」到「國際行動」，從「中國理念」到「國際共識」，還是「中國方案」融入「全球治理」，展現的都是共建「一帶一路」給世界帶來機會，帶來四重效應：

轉變經濟發展模式。要想富，先修路，基建是經濟發展基礎。世界銀行資料顯示，發展中國家每年基建投入約一萬億美元，估計到二〇二〇年每年至少還需增加一萬億美元。到二〇三〇年，全球預計將需要五十七萬億美元基礎設施投資。「一帶一路」建設可以說抓住了世界經濟發展的牛鼻子，展示了中國新比較優勢。一項海外研究顯示，二〇一七年全球基建投資中，中國占比百分之三十一。中國參與的海外建設專案多達一千零三十四個，多數位於亞洲、中東和非洲，其中百分之四十為鐵路基建項目。通過宣導基礎設施互聯互通，「一帶一路」建設正在改善全球化，引導投資流向實體經濟，利於消除全球金融危機之源，讓全球化惠及更廣泛的民眾。

產業承接，戰略對接。「一帶一路」建設成為相關國家抓住產業承接機遇，融入全球價值鏈體系的難得機會，因此有不抓住「一帶一路」就抓不住二十一世紀機遇的說法。「二十一世紀是中國世紀」，「中國世紀來臨的標誌就是『一帶一路』」。它的核心內容是促進基礎設施建設和互聯互通，對接各國政策和發展戰略，深化務實合作，促進協調聯動

發展，實現共同繁榮。

推動世界走出全球金融危機。文一教授在《偉大的中國工業革命》一書中指出，中國崛起帶給全世界經濟的拉動力量相當於當年大英帝國崛起的一百倍，相當於當年美利堅合眾國崛起的二十倍。習近平主席表示，歡迎各國人民搭乘中國發展的快車、便車。據美國諮詢公司麥肯錫顧問說：到二〇五〇年，「一帶一路」建設將貢獻百分之八十的世界經濟增長，新增三十億中產階級。未來十年，新增二萬五千億美元的貿易量。

今天的世界需要合。天下大勢，合久必分，分久必合。合，創造規模和系統效應，帶來集約發展、可持續發展。和合，是中國文化強項。以高鐵為例子，未來世界八成人生活在城市裡，城際互聯互通主要靠高鐵、城際鐵路、軌道交通，高鐵正是國際裝備「走出去」的標誌。設施聯通是合作發展的基礎。陸上、海上、天上、網上四位一體的聯通，關鍵通道、關鍵城市、關鍵項目，聯結陸上公路、鐵路道路網路和海上港口網路，將備受關注。

「一帶一路」倡議就是在中國發展中解決世界的發展問題。比如，消除貧困，「一帶一路」建設推動新型城鎮化和人類生產、生活的新布局，以發展求安全，以安全促發展。再如，消除貧富差距，「一帶一路」建設促進東西互濟，陸海聯通，縮小差距。又如，完善全球治理，「一帶一路」倡議主張標本兼治，統籌協調。建設綠色絲綢之路、健康絲綢之路、智力絲綢之路、和平絲綢之路，就是在推動人類生產、生活、思維模式大轉型，建設人類命運共同體。

作者為中國人民大學國際事務研究所所長、

重陽金融研究院高級研究員

原刊於《人民日報海外版》（2017年9月21日第1版）

中國勇於擔當的大國胸懷

華益聲

　　近日，第七十二屆聯合國大會舉行一般性辯論，備受關注。中國方面，由外交部長王毅率團出席。針對當前國際形勢、重大國際和地區問題，中國立場和主張引人注目。在氣候變化問題高級別非正式對話會上，王毅外長呼籲各國落實氣候變化《巴黎協定》，堅持合作應對氣候變化的大方向不動搖。中國承諾實施自主貢獻，本國將堅持貫徹創新、協調、綠色、開放、共享的發展理念，努力建設天藍、地綠、水清的美麗中國。同時，中國願意推進與各國，特別是發展中國家在能源領域的合作，共同走可持續發展之路。

　　在當前《巴黎協定》面臨不確定因素，國際社會合作應對氣候變化的努力進入關鍵階段的背景下，中國的表態擲地有聲，為各國共同探索包括氣候變化在內的各領域全球治理模式、向建設人類命運共同體的方向邁進注入新動能。

　　事實上，中共十八大以來，中國在國際舞臺上積極發出中國聲音，提出中國倡議，展示自信開放、包容合作的中國風格和中國氣派。勇於擔當，成就大國胸懷。

　　大國胸懷，體現在國際視野上的高屋建瓴。中國國家主席習近平以寬廣的視野看待中國的國際定位，深入思考「建設一個什麼樣的世界、如何建設這個世界」等關乎人類前途命運的重大課題，勇於提供中國方案，作出中國貢獻。

　　習主席在亞洲相互協作與信任措施會議第四次峰會作主旨演講，提出積極宣導共同、綜合、合作、可持續的亞洲安全觀，創新安全理念，

搭建地區安全和合作新架構，努力走出一條共建、共享、共贏的亞洲安全之路。在二〇一六年二十國集團工商峰會上，習主席首次全面闡述中方的全球經濟治理觀，指出全球經濟治理應該以平等為基礎，以開放為導向，以合作為動力，以共享為目標，共同構建公正高效的全球金融治理格局、開放透明的全球貿易和投資治理格局、綠色低碳的全球能源治理格局、包容聯動的全球發展治理格局。中國方案維護國際公平與正義，推動國際體系變革。

大國胸懷，體現在行動上的兼濟天下。中國本著力所能及的原則，積極承擔更多國際責任和義務，為世界發展提供公共產品。中國提出的「一帶一路」倡議得到一百多個國家和國際組織積極支援參與，一大批有影響力的標誌性專案成功落地。今年五月舉辦的「一帶一路」國際合作高峰論壇，成為各國共謀發展、推動經濟全球化的盛會。

言必信，行必果，中國以實際行動力促進人類可持續發展。中國促進南南合作，已宣布建立十億美元的中國—聯合國和平與發展基金、兩百億元人民幣的「中國氣候變化南南合作基金」，設立「南南合作援助基金」，加入聯合國維和能力待命機制並組建常備成建制維和警隊及八千人規模的維和待命部隊，推動制定二〇三〇年可持續發展議程並率先發布落實二〇三〇年可持續發展議程國別方案。

中國勇於擔當的大國胸懷，讓中國夢與世界夢連接，為實現世界持久和平與共同發展注入正能量。

作者為國際問題專家

原刊於《人民日報海外版》（2017年9月22日第1版）

從中國方案到國際共識

阮宗澤

今年是金磚合作的「中國時間」，美麗的海濱城市廈門將喜迎八方來賓。前不久，以建築和歷史著稱的廈門鼓浪嶼被列入聯合國教科文組織的世界文化遺產名錄。廈門曾是海上絲綢之路的重要節點，現在同樣是聯接世界的重要橋梁。

廈門會晤為何格外引人矚目？有何成果值得期待？如何開啟第二個「金色十年」？中國方案如何增強金磚合作成色？這需要從本次會晤的主題中尋找答案。本次會晤主題為「深化金磚夥伴關係，開闢更加光明未來」，既有關注當下的腳踏實地，更有伏脈千里的運籌帷幄。當然，這次會晤將是又一次見證中國方案轉化為國際共識的重要時刻。

五年來，中國國家主席習近平站在新的歷史起點上，總攬全域，前瞻性地提出一個又一個令人耳目一新的倡議和方案，如「一帶一路」，發起成立亞洲基礎設施投資銀行、金磚國家新開發銀行，踐行正確義利觀，推動構建以合作共贏為核心的新型國際關係，打造人類命運共同體，構建全球夥伴關係網路等，收穫了眾多點讚。

五年來，中國以主場外交為抓手，以創新為驅動，積極運用議題和議程設置的主動權，讓中國方案轉化為國際共識，引導會晤形成具有開創性、機制性的成果，書寫了中國特色大國外交的斑斕畫卷，展示了中國銳意進取的堅定意志，拓展了中國與世界的共同利益。

今天的中國宛如一塊「超級磁石」，吸引著世界的目光。中國實現了從「站起來」到「富起來」到「強起來」的歷史性飛躍。這既包括中國硬實力的進一步增強，又包括以治國理政新理念新思想新戰略等中國

方案為代表的軟實力的同步提升。兩者相輔相成、相得益彰，真正托舉中國的強勢崛起。中國方案廣受青睞，根本原因在於人們目睹了中國改革開放的偉大實踐是成功的實踐，中國的發展道路是成功的道路，這就是中國方案的底氣。

當前國際形勢波譎雲詭，國際格局加速變化，機遇和挑戰相互交織。一方面，新興力量的崛起，有助於國際秩序的調整與改革；另一方面，世界充滿懸念，西方越來越擔憂輝煌不再，或滑入「後西方」時代，因此不惜祭出保護主義、以鄰為壑的武器，拖累世界經濟增長。在此背景下，作為「南南合作」重要平臺的金磚機制走向備受關注，而中國對此機制未來發展的引領作用就更顯關鍵。

面對國際上一些唱衰「金磚」的聲音，金磚國家尤其需要增強信心。作為東道主，中國將本著「開放包容、合作共贏」的金磚精神，與各方加強溝通，大力宣導深化合作、推進機制建設，通過「金磚＋」模式擴大朋友圈，推動金磚國家合作機制為世界和平與發展做出更大貢獻。

作者為中國國際問題研究院常務副院長、研究員
原刊於《人民日報海外版》（2017年8月31日第1版）

中國為世界經濟注入活力

王俊嶺

中共十九大後的首個中央經濟工作會議備受期待，世界對二〇一八年中國經濟政策走向格外關注。

這種關注，既源於中國自身發展所取得的巨大成就，更在於中國為其他經濟體帶來的實實在在的發展機遇，為世界經濟注入了強大活力。

首先，中國帶來了增長動力。五年來，中國對世界經濟增長的年均貢獻率超百分之三十，超過同期美國、歐元區和日本貢獻的總和，中國自身經濟總量占全球比重亦提高了百分之三點五。這意味著，中國成為世界經濟增長的主要動力源和穩定器。

從結構上看，隨著生產力不斷發展與技術進步，發達經濟體需要拓展新產業、新模式、新服務，同時用新技術改造傳統產業；而發展中經濟體則希望儘快獲得足夠的外部要素，來支撐自身實現經濟起飛，展現「後發優勢」。此時，作為最大發展中經濟體的中國，實現平穩轉型升級無疑十分重要。一方面，中國居民購買力提升為發達經濟體提供了更活躍的龐大市場；另一方面，中國企業走向海外投資並參與要素全球化配置，為很多發展中國家帶去了資金、技術、就業和需求。

其次，中國探索了發展經驗。從糧食生產能力達到一萬兩千億斤，到天宮、蛟龍、天眼、墨子、國產大飛機等重大科技成果相繼問世，再到六千多萬貧困人口脫貧，中西部和農村教育加強……這一個個發展成就，不僅讓中國自身成為世界經濟的「模範生」，更為世界其他經濟體提供了有益經驗。

例如，中國探索出的「開發區經驗」如今就被越來越多經濟體所借

鑑。設立經濟特區、經濟開發區或自由貿易園區，並將成功管理經驗加以推廣，既能夠搶抓發展機遇，讓制度、資金、人才、技術等要素優勢實現集約利用，實現快速發展，又可以減少探索風險對發展全域的不利影響。

最後，中國提供了有效方案。如今，世界多極化、經濟全球化深入發展。一方面，發展不平衡不充分引發的種種矛盾不斷出現，世界經濟需要可靠的新增長動力。另一方面，全球化發展至今，全球政治經濟治理結構需要跟上。

對此，中國積極主張構建人類命運共同體，提出「一帶一路」倡議，推動設立了「一帶一路」國際合作高峰論壇、亞洲基礎設施投資銀行、絲路基金等一系列對話機制與合作平臺，為世界各國彌合分歧、實現優勢互補貢獻了中國方案。如今，這些方案正惠及世界。二〇一四年至二〇一六年，中國同「一帶一路」相關國家貿易總額超過三萬億美元，相關投資累計超過五百億美元。

好風憑藉力，揚帆正當時。改革開放促進了中國經濟騰飛，中國發展也必將在進一步開放中回饋世界。歷史終將證明，中國發展的活力將推動世界經濟走進一個良性循環。

作者為本報編輯
原刊於《人民日報海外版》（2017年12月20日第1版）

中國大步走向世界舞臺中央

華益聲

　　近期，中國國際電視臺（中國環球電視網）開播之際，習近平主席在賀信中指出，「中國和世界的關係正在發生歷史性變化」，對中國的國際定位做出重要判斷。

　　這一判斷基於中國發展的底氣。在世界經濟面臨多元挑戰的背景下，中國保持經濟平穩健康發展。二〇一六年前三季度，中國經濟增速為百分之六點七，實現中高速增長。展望未來五年，中國進口總額有望達到八萬億美元，利用外資總額達到六千億美元，對外投資總額達到七千五百億美元，出境旅遊達到七億人次。中國將繼續作為世界經濟增長最有力的引擎之一。更為重要的是，中國發展體現出新興市場國家的活力，鞏固了國際力量對比朝著更趨均衡方向發展的態勢。

　　這一判斷源自中國特色社會主義的自信。國際社會在見證中國發展成績的同時，試圖探究中國的發展道路、政策和理念，尋找中國發展的內生動力。習主席在多個重要雙邊或多邊外交場合精闢闡述中國的治國理政方略，鮮明指出，中國發展得益於堅持中國共產黨領導、堅持走中國特色社會主義道路。中國日益展現道路自信、理論自信、制度自信和文化自信，並得到越來越多國家的認可和讚許。

　　這一判斷突顯在中國對國際規則的貢獻。中國不斷推動國際關係理念發展完善。「人類命運共同體」理念的提出，是中國對世界格局主動進行的議程設置。中國認為，隨著世界多極化、經濟全球化、文化多樣化、社會資訊化深入發展，世界各國將成為利益更加交融的命運共同體。此時，冷戰思維和零和博弈已過時，合作共贏才是各國相處的合理

選擇。「以合作共贏為核心的新型國際關係」是中國為各國和諧相處、共謀發展打造的全新思路和路徑選擇。這種新型國際關係，針對國際關係中的不公正、不平等現象，抵制霸權主義、強權政治、新干涉主義等對國際和平穩定造成的不利影響。中國不再只是國際規則的遵守者，更是支援國際正義、促進國際秩序向公正合理方向發展的重要貢獻者。

這一判斷滲透於中國引領全球治理的擔當。二〇一六年，中國成功主辦二十國集團（G20）領導人第十一次峰會。中國發揮影響力和號召力，促使各方凝聚共識。峰會發表了《二十國集團領導人杭州峰會公報》和二十八份具體成果文件，在國際上樹立起新的「全球標杆」。中國為世界經濟開出「中國藥方」，提振世界經濟發展信心。另外，中國積極參與應對氣候變化談判，促成《巴黎協定》達成，並在《巴黎協定》生效進程的最後環節發揮了關鍵作用。

中共十八大以來，國際體系中的中國影響快速提升，國際事務中的中國作用更加突出。中國和世界關係發生歷史性變化，核心是中國以更加進取、自信、成熟的姿態走向世界舞臺的中央。

作者為國際問題專家
原刊於《人民日報海外版》（2017年1月5日第1版）

新一輪全球化呼喚中國引領

趙龍躍

去年以來，反全球化勢力回潮，國際社會甚至有人懷疑經濟全球化的不可逆轉性。實際上，人們既不能硬推全球化，也不可能阻擋全球化，只能改善全球化。

目前的全球化是非均衡發展的全球化。它一方面促進了世界經濟的增長，另一方面也給世界帶來了嚴重的不平衡：首先是發展的不平衡和利益分配的不平衡，包括國家之間的不平衡，國家內部地區之間、產業之間和社區人群之間的不平衡；其次是資源環境消耗的不平衡；更嚴重的是制度規則的不平衡。長期以來，國際規則主要是在美歐國家的主導和操縱下形成的，首先體現的是美歐等發達國家的利益和需要。這些規則不但沒有考慮發展中國家的實際情況，而且有些規則還是專門針對甚至用於限制具有後發優勢的發展中國家。

國際金融危機爆發以來，國際社會所面臨的問題不僅是經濟的恢復與發展，還有治理機制和國際規則的重構與創新。目前我們需要研究的是如何重構與創新國際規則、完善國際治理機制、克服全球化的弊端，推進更加均衡、包容和公正發展的新一輪經濟全球化。

新一輪經濟全球化呼喚中國的引領。G20杭州峰會的歷史意義，就是制定和規範國際治理的原則和方向，開啟了由中國引領新一輪經濟全球化進程的新時代。中國對新一輪經濟全球化的引領作用主要體現在：

第一，重構國際規則引領。如果按照主要推動力來劃分，非均衡發展的全球化大致經歷了兩個階段：十九世紀之前的全球化可以算作第一個階段，其主要推動力是技術；到目前為止的全球化是第二個階段，其

主要推動力是技術和資本。由中國宣導推動的新一輪全球化，其主要推動力將是技術、資本和規則。

第二，「一帶一路」路徑引領。「一帶一路」倡議的共商共建共享、互聯互通、合作共贏是推進新一輪全球化的重要理念和路徑。

第三，科學技術創新引領。中國努力研究全球科技發展方向，在引領未來高科技領域標準和規則的制訂方面作用日漸擴大；實施海外人才引進倍增計畫，進一步加大對外國專家來華工作或創業的支援力度。

第四，強化國際投資引領。中國對外投資的國際影響力日益增強，二〇一五年中國對外非金融類直接投資已經達到一千兩百億美元，對外直接投資存量首次突破萬億美元大關。

第五，開放國內市場引領。中國經濟結構的調整和增長方式的轉變將對世界經濟和全球貿易發生重大影響，中國不僅是世界最大的商品出口國，也是世界最大的商品進口國之一，年度商品與服務進口已經接近三萬億美元，為新一輪經濟全球化提供了廣闊的市場。

第六，布局全球人才引領。新一輪全球化在國際組織機構、區域組織機構、全球治理機制和平臺等領域悄然啟動，唯有儘快選拔輸送一大批熟悉中國國情、具有國際視野和專業知識的高端人才，參與這些機構的改革和管理工作，才能真正把中國引領新一輪經濟全球化的政策主張和發展理念落實到位，取得實質性效果。

作者為廣東外語外貿大學教授、雲山領軍學者、
國際治理創新研究院院長
原刊於《人民日報海外版》（2017年1月9日第1版）

中國是世界穩定錨

阮宗澤

　　自中共十八大以來，中國外交革故鼎新、厚積薄發、攻堅克難、開拓進取，書寫了中國特色大國外交的新篇章。正如外交部部長王毅指出，今天的中國已成為「國際形勢的穩定錨，世界增長的發動機，和平發展的正能量，全球治理的新動力」。

　　毋庸置疑，世界正經歷一場複合型危機，亂象紛呈。傳統與非傳統威脅此起彼伏，戰爭與衝突連綿不斷，恐怖襲擊接二連三，少數國家人民甚至家園破碎，背井離鄉，淪為難民。金融危機後遺症不斷出現，反全球化、民粹主義、保護主義思潮野蠻生長，「黑天鵝」成雙成對從天而降，不確定性有增無減，不少國家對未來缺乏信心，令人不得不思考這樣一個問題：世界究竟怎麼了？

　　近年來，西方經歷了從「歷史的終結」到「後西方」時代的過山車，感歎前者曇花一現，後者卻由遠而近。實際上，「後西方」的根源在於西方內部政治、經濟、安全及社會等方面均出了問題，落入了唯我獨尊、故步自封、零和思維的陷阱。

　　與此形成鮮明對比的是，中國的發展成績斐然，從容而淡定，歸根結底來源於「四個自信」；來源於對國際形勢的準確判斷；來源於對自身面臨的機遇與挑戰的辯證分析；來源於致力把自己的事情做好，撸起袖子加油幹，探索出了一條符合中國國情的發展道路。習近平主席提出構建人類命運共同體的新倡議，直擊當今世界亂象叢生的痛點，同時給出了人類發展的中國方案。

　　二〇一六年中國經濟增長百分之六點七，在全球主要經濟體中排名

第一，繼續領跑。這一增量對世界經濟增長的貢獻率超過百分之三十。

中國是維護和平的堅定力量。中國派出維和部隊守護和平，幫助戰亂國家重建家園。在聯合國安理會五個常任理事國中，中國是派出人數最多的國家。中國加入新的聯合國維和能力待命機制，率先組建常備成建制維和警隊，並建設八千人規模的維和待命部隊。中國軍隊積極參與國際維和、反恐和人道主義救援，參與管控熱點敏感問題等，而中國軍力的現代化也有助於更好地維護地區和世界和平。

中國在全球治理中積極貢獻國際公共產品。今年五月，「一帶一路」國際合作高峰論壇將在北京舉辦。在當前保護主義、單邊主義捲土重來的情況下，「一帶一路」的崛起更加引人注目，它有助於推動經濟全球化朝著更加普惠、包容的方向來實現再平衡，也將成為共建人類命運共同體的重要實踐。

中國外交的先進性充分呈現在外交思想的創新上，如宣導結伴不結盟、擴大朋友圈、塑造以合作共贏為核心的新型國際關係、共同構建人類命運共同體等。這既有中國特色，又符合時代的潮流。

綜上，面對紛繁複雜的國際挑戰，面對國際社會的期待，中國沒有缺席，而且勇擔責任，在全球治理中烙下深深的中國印記。中國名副其實發揮了穩定錨作用。

作者為本報特約評論員，中國國際問題研究院常務副院長、研究員
原刊於《人民日報海外版》（2017年3月9日第1版）

解決人類現實挑戰的中國方案

常　健

　　人類正處在大發展大變革大調整時期。世界多極化、經濟全球化深入發展，社會資訊化、文化多樣化持續推進，同時，人類也正處在一個挑戰層出不窮、風險日益增多的時代。

　　如何防止全球性的危機，使人類社會能夠延續存在、和睦相處和持續發展，這是全人類面臨的共同挑戰和課題。中國國家主席習近平提出了「構建人類命運共同體」主張，這是中國把握歷史規律和時代潮流，著眼人類共同和長遠利益提出的中國方案。

　　「人類命運共同體」首先是一個現實。它反映了在新一輪全球化進程中，人類利益格局日益加深的相互依賴、休戚與共。

　　在全球化的第一階段，先發國家利用自己的優勢，通過不平等的國際經濟秩序，獲得超額利潤，並導致巨大的國際貧富差距。在這一階段，我贏你輸的博弈使發達國家獲得了巨大的收益，並導致了世界各國嚴重的貧富分化和強弱分化。

　　然而，進入全球化的第二階段，這種輸贏分化的博弈正在衰退，代之而起的是命運與共。「命運」一詞，按照中國傳統文化的理解，是指人的生死、貧富、禍福、苦樂遭遇。在全球化的新階段，人類命運與共表現在經濟、政治、社會和文化的各個方面。

　　如在經濟上，任何國家的經濟危機都會迅速傳播和擴散，形成多米諾骨牌效應。再如，在政治和社會等層面，西方國家支持慫恿一些國家的反政府力量，而這些國家的社會動盪導致的難民潮，卻使西方國家本身的治安陷入緊急狀態。所有這些現象都昭示著，輸贏分化的全球化時

代行將結束，命運與共的全球化新時代正在到來。

在命運與共的全球化新階段，只有相互扶助、相互促進、利益共享，才能共同發展、共同繁榮、共保安寧。

「人類命運共同體」的理念，反映了在全球化新階段世界利益關係格局的這種新變化。而「構建人類命運共同體」的理念，是我們對未來人類社會的願景。

構建人類命運共同體，要求建立共商共建共享的新型全球治理結構。如在經濟上，人類命運共同體要求合作共贏，共同發展、利益共享，追求自身利益的同時兼顧他方利益；各國同舟共濟，而不是以鄰為壑，搞貿易保護主義，畫地為牢，損人不利己。推動建設一個開放、包容、普惠、平衡、共贏的經濟全球化，既要做大蛋糕，更要分好蛋糕，著力解決公平公正問題。

人權是全球治理的重要維度。全球人權治理的目標，是促使各個國家尊重、保護和促進人權的實現。它既是全球治理所要達成的重要目標，又是對全球治理過程、方式和手段的重要「邊際約束」。「構建人類命運共同體」既對全球治理提出了要求，也對全球人權治理結構提出了反思和重構的要求。

總之，構建人類命運共同體對世界人權事業發展，提出了新的要求。它要求超越西方自由主義單純強調個人人權的原子論視野，約束國際霸權主義的為所欲為，從人類命運休戚與共的視角調整個人人權、各國人民的集體人權和人類集體人權之間的結構關係，從而確保在全球化的新階段，人類整體的生存、發展、安全和健康。

作者為南開大學人權研究中心主任

原刊於《人民日報海外版》（2017年6月15日第1版）

中國開放的大門不會關閉
只會越開越大

時代之問的中國答卷

華益文

　　適逢中國改革開放四十週年，國家主席習近平在博鰲亞洲論壇二〇一八年年會開幕式上，發表了題為《開放共創繁榮創新引領未來》的主旨演講。他強調各國要順應時代潮流，堅持開放共贏，勇於變革創新，向著構建人類命運共同體的目標不斷邁進；中國將堅持改革開放不動搖，繼續推出擴大開放新的重大舉措，同亞洲和世界各國一道，共創亞洲和世界的美好未來。

　　世界媒體注意到，就「人類社會向何處去」「亞洲前途在哪裡」的「時代之問」，習主席提出精闢見解。

　　面對複雜變化的世界，只有不畏浮雲遮望眼，善於撥雲見日，才能把握歷史規律，認清世界大勢，進而才能就前進的道路做出正確的抉擇。在習近平看來，當今世界，需要把握好三大歷史潮流，也就是歷史規律──和平合作的潮流、開放融通的潮流、變革創新的潮流。

　　這是積中國四十年改革開放的經驗啟示。四十年來，中國之所以取得歷史性進步，離不開全體人民緊扣和平與發展的時代主題，上下求索，與時俱進，銳意進取，敞開胸襟，擁抱世界。習近平指出，中國人民堅持對外開放基本國策，打開國門搞建設，成功實現從封閉半封閉到全方位開放的偉大轉折。

　　這是積中國四十年外交實踐的經驗啟示。中國長期堅持獨立自主的和平外交政策，在維護國家主權、安全、發展利益的同時，尋求構建全球夥伴關係網，在對外關係中突出和平與發展的時代主題，強調和平發展的共同性、包容性與開放性，而且為和平與發展的時代主題增添了「合作」與「共贏」的色彩。

時代潮流之下，世界免不了遭遇逆流、潛流和擾流。冷戰思維、你輸我贏、零和博弈還大有市場，妄自尊大、恃強凌弱、以鄰為壑還時有顯現，封閉守舊、排斥變革不乏其人。特別是在世界多極化和經濟全球化加速發展的今天，單邊主義與多邊主義的矛盾以及保護主義與自由貿易的矛盾還很突出，為一己之私寧願對抗、不願對話的衝動依然存在。實現和平、發展、合作、共贏，任重而道遠。

正是從順應、引領和推動時代潮流，攜手應對全球性挑戰出發，習近平指明了中國特色大國外交新路，並向世界提出推動構建人類命運共同體、構建新型國際關係的倡議。這一倡議得到越來越多國家和人民歡迎和認同。在上述演講中，習近平提出，面向未來，希望各國人民同心協力、攜手前行，努力構建人類命運共同體，共創和平、安寧、繁榮、開放、美麗的亞洲和世界。這是對「時代之問」的最好回應，也昭示了破解「時代之問」、推動構建人類命運共同體和新型國際關係的五大路徑。

時代潮流，浩浩蕩蕩，順之者昌，逆之者亡。中國勇立時代潮頭，從容應對國際風雲激盪，決意走出一條與歷史上傳統大國不同的、具有中國特色的民族復興之路和大國外交新路。

習近平曾指出，「放眼世界，我們面對的是百年未有之大變局」。隨著綜合實力不斷提升、日益走近世界舞臺中央，中國在國際上的影響力、感召力、塑造力愈加顯現，同時隨著中外交融性、關聯性、互動性不斷增強，受到外部影響也會加大。

有著四十年改革開放的厚重積累，有著對當今時代潮流和國際大勢的正確認識和把握，有著對新時代新征程的頂層設計和總體布局，憑著憂患意識、底線思維、戰略定力，中國特色大國外交新路必將越走越寬廣，也會為解答「時代之問」提供更加有效的中國方案。

作者為國際問題專家

原刊於《人民日報海外版》（2018年4月11日第4版）

擴大開放是中國主動戰略之舉

蘇曉暉

　　四月十日，習近平主席在博鰲亞洲論壇二〇一八年年會開幕式上發表主旨演講，闡示中國擴大對外開放的政策走向和重大舉措。

　　中國計畫大幅度放寬市場准入，創造更有吸引力的投資環境，加強知識產權保護，主動擴大進口。習主席在談話中強調，落實舉措宜早不宜遲，宜快不宜慢。僅一天之後，中國央行行長易綱就宣布了進一步擴大金融業對外開放的具體措施和時間表，充分表明中國對外開放言必信、行必果，展現出負責任大國的擔當。

　　對外開放是中國的基本國策。改革開放四十年間創造了「中國奇蹟」。中國國內生產總值年均增長約百分之九點五，成為世界第二大經濟體、第一大工業國、第一大貨物貿易國、第一大外匯儲備國。一九九七年東亞金融危機和二〇〇八年國際金融危機爆發後，中國發揮了重要的穩定作用，並為地區和世界復甦提供源源動力。中國倡議共建「一帶一路」，為世界發展提供公共產品。改革開放不僅成就了崛起的中國，也深刻影響了世界。

　　中國對世界發展大勢進行冷靜觀察和綜合研判，認定經濟全球化是不可逆轉的時代潮流，打開開放大門是順勢而為。中國為國家發展設定方向，將堅定不移奉行互利共贏的開放戰略，堅持引進來和走出去並重，推動形成陸海內外聯動、東西雙向互濟的開放格局，實行高水準的貿易和投資自由化便利化政策，探索建設中國特色自由貿易港。二〇一八年是改革開放四十週年。中國今年多場主場外交活動都將圍繞、凸顯開放合作理念。上海即將舉辦的首屆中國國際進口博覽會，是中方主動

開放市場的重大政策宣示和行動。今年也將成為中國特色自由貿易港建設起步之年。中國秉持互利互惠、合作共贏原則，契合世界各國人民實現發展合作的共同願望。中國以實際行動實施開放合作，為世界發展提供重要機遇。

擴大開放是中國基於既定政策目標的主動戰略之舉，目標是實現中華民族偉大復興，共同推動構建人類命運共同體。中國堅持公平正義，絕不會因某一國家的一己私利和任性而為做出讓步，更不會迫於壓力放棄國家利益、違背多邊貿易規則。

近一時期，美經貿政策單邊保護主義色彩濃重，執意挑起對華貿易摩擦，後果很嚴重。對習主席在博鰲的演講以及中方擴大開放態勢，美方表態中有一些積極因素，但中國對美要聽其言觀其行。美應認識到逆潮流而動必將付出沉重代價，希望美國迷途知返。

參與博鰲亞洲論壇的國際貨幣基金組織總裁拉加德高度讚賞中國將堅定推進改革開放的積極資訊，認為世界需要像中國這樣的領導力量。中國將繼續以主動戰略規劃促進人類和平與發展的崇高事業。

作者為中國國際問題研究院國際戰略研究所副所長
原刊於《人民日報海外版》（2018年4月12日第1版）

中國開放的大門只會越開越大

梅新育

　　十月十八日，習近平總書記做十九大報告時說，「中國堅持對外開放的基本國策，堅持打開國門搞建設」，「促進貿易和投資自由化便利化」。中國開放的大門不會關閉，只會越開越大。

　　而就在十月十七日，英國商務、能源與產業戰略大臣格雷格‧克拉克卻提議，將在英國的外資企業並購審查標準調整得更為苛刻。按英國現行法律，在該國營業額超過七千萬英鎊（約合人民幣六億一千萬元）或市場份額達到百分之二十五以上的公司並購，才需要政府審查。而葛列格‧克拉克建議將上述審查標準降低到在英國營業額一百萬英鎊（約合人民幣八百七十三萬元），而且取消了市場份額達到百分之二十五的要求。

　　須知，英國是自由放任哲學和自由貿易理論的故鄉，是上百年來堪稱歐洲最自由開放的主要經濟大國。如今，亞當‧斯密和李嘉圖老家的商務大臣提出反投資自由的觀點，是否有些匪夷所思？無獨有偶。德國已經頒布實施了限制外資並購的新法規，而且得到歐元區、歐盟另外兩大支柱國家法國和義大利力挺，新的保護主義政策或將推廣到整個歐盟。此外，美國對外經濟政策的現狀也是「美國優先」。

　　沒有什麼比這更能顯示當前中國與西方精神風貌的迥然不同了。前者滿懷自信，進一步大幅度向外商外資擴大開放；後者則對自己經濟社會發展所必需的外資外商收緊政策。一八四〇年，英國艦隊用鴉片和大炮敲開了清政府閉關鎖國的大門。一百七十七年後的今天，中國已經強大起來，中華民族正以嶄新姿態屹立於世界東方。而此時，西方卻在往

後退。

　　事實上，當今時代，沒有哪個國家能夠獨自應對人類面臨的各種挑戰，也沒有哪個國家能夠退回到自我封閉的孤島。因此，中國一直呼籲，各國人民應該同心協力，構建人類命運共同體。

　　萬商雲集才是興旺氣象。在全球化方面，中國支援多邊貿易體制，促進自由貿易區建設，推動建設開放型世界經濟。從十九大報告中就能看出，中國的開放政策保持著定力。十九大報告提出，要以「一帶一路」建設為重點，堅持引進來和走出去並重，遵循共商共建共享原則，加強創新能力開放合作，形成陸海內外聯動、東西雙向互濟的開放格局，等等。

　　與普遍陷入「否決政治」泥潭、政界窮於應付爭論而空耗時日的西方國家不同，中國保持了優於世界其他大國的宏觀經濟與政治穩定性，又通過全面從嚴治黨進一步增強了凝聚力和執行力。未來，中國不會追求自由貿易旗手的名號，也不會作出超越自己國力的承諾，但會繼續堅持擴大開放並作出更大努力，在擴大市場准入方面邁出更大步伐。

　　東西方迥然不同的精神風貌，東西方迥然不同的政策取向……對比了這一切之後，海外有雄心的投資者、有才幹的科技人才，為何不來中國闖闖呢？

作者為商務部研究院研究員

原刊於《人民日報海外版》（2017年10月24日第1版）

讓改革開放時代旋律更強勁

楊　凱

　　習近平主席的新年賀詞，是中國在二〇一八年向全世界傳遞的第一曲心聲。一個偉大的民族、一個偉大的國家、一個偉大的政黨和一群偉大的人民，在跨入新年之際，用最簡潔的方式再一次展現了自己的光榮與夢想、定力與激情。

　　今天的中國人擁有極大的信心和底氣，很大程度上來源於過去四十年的經歷與成就。四十年，放在歷史的長河裡，不過彈指一揮間，可是身處其間的親歷者知道，能夠持續有效地把握住這麼長的時間窗口，推動國家穩定發展，是多麼不容易。

　　四十年改革開放歷程與持續和平發展，從一定意義上說形成了兩個方面的影響：一方面體現在國家物質財富的巨大積累，中共十九大報告中所表述的「從站起來、富起來到強起來的偉大飛躍」，「富起來」承前啟後，主要就是指改革開放以來這三四十年，毫無疑問，這種積累為中國走向「強起來」奠定了堅實的物質基礎；另一方面則體現在改革開放改變了各種不合時宜的思想觀念，逐漸形成了中國人對自己道路、理論、制度、文化的高度自信，同時也為今天和未來的中國培養了治國理政的精英人才。

　　如中共十九大之後誕生的「政治家集團」，這些中國政治高層人物無一不是在改革開放時代成長起來的幹部。他們很多人「宰相起於州部，猛將發於卒伍」，從基層工作就開始熟諳改革開放理念，擔當改革開放任務，施展改革開放手段，既充分體會到改革開放為中國帶來的巨大改變，也完全能感覺到改革開放在觀念上、在實踐中所遭遇到的艱難

險阻。所以，習近平在新年賀詞中說，「我們要以慶祝改革開放四十週年為契機，逢山開路，遇水架橋，將改革進行到底」。——這句話裡既有對過去的肯定和致敬，更有面對未來的果敢和勇毅。

當前中國進入新時代，主要矛盾發生變化。改革開放是為解決矛盾應運而生的「必由之路」，理當產生應對矛盾新變化的時代特點。新時代的改革征途中，面對更為複雜的國內國際環境，中國的改革開放無疑需要比以往更加全面的思考、謀劃、部署和落實。因此，中共十八屆三中全會聚焦「全面深化改革」，提出了「完善和發展中國特色社會主義制度、推進國家治理體系和治理能力現代化」的全面深改總目標；而中共十九大要求推動形成「全面開放新格局」，明確宣示「中國開放的大門不會關閉，只會越開越大」。

一九七八年，中國改革開放起步之際，「冷戰」遠未結束，天下並不太平。當此之時，鄧小平準確地把和平與發展判斷為時代潮流，果斷地把改革與開放定位於時代旋律。正是這樣的戰略眼光和戰略決斷，使得中國知機先行，贏得未來。

四十年後，中國以負責任的社會主義發展中大國形象佇立東方，國際格局發生了重大變化，習近平提出的「人類命運共同體」理念受到國際社會高度贊成，「一帶一路」建設利好沿線國家。各方對人類和平與發展的前景既有期待，也有憂慮。從這個意義上說，不僅中國需要改革開放，世界也需要改革開放。全球應該攜手讓改革開放的時代旋律更加強勁，共同開闢人類更加繁榮安寧的美好未來。

作者為本報主任編輯

原刊於《人民日報海外版》（2018年1月2日第1版）

面朝大海　再沐春風

梅新育

從長期視角看，如果要給本週紛繁的世界經濟選一個主題詞，毫無疑問應該是來自中國的「開放」。

從在博鰲亞洲論壇上宣布一系列主動擴大對外開放舉措，到在慶祝海南建省辦經濟特區三十週年大會上宣布海南全島建設自由貿易試驗區和中國特色自由貿易港，習近平以堅定的承諾告訴世界：中國開放的大門不會關閉，只會越開越大。

對於全世界來說，正確的選擇是：充分利用一切機遇，合作應對一切挑戰。自四月十三日起，海南全島建設自由貿易試驗區和自由貿易港走進世界視野。這是彰顯中國擴大對外開放、積極推動經濟全球化決心的最新重大舉措。

對於中國自身而言，在改革開放四十週年之際，主動大幅度擴大開放，既有利於推動經濟全球化，也標誌著中國「第二次革命」（改革開放）再度出發，「以開放促改革」。讓我們回顧中共十八屆三中全會《中共中央關於全面深化改革若干重大問題的決定》，其第七章「構建開放型經濟新體制」明確宣示了「以開放促改革」的思路——

「適應經濟全球化新形勢，必須推動對內對外開放相互促進、引進來和走出去更好結合，促進國際國內要素有序自由流動、資源高效配置、市場深度融合，加快培育參與和引領國際經濟合作競爭新優勢，以開放促改革。」類似的表述，在其後的黨代會報告和《政府工作報告》中，一再出現。

為什麼要「以開放促改革」？從社會形態的發展來看，社會主義經

濟本質上就必然要求是一種開放經濟。後發國家，在工業化起步之初不得不對本國市場實施了較高程度的保護，但這種保護不是目的，只是階段性的工具；隨著中國國內產業發展日益成熟，隨著中國以遠超世人預期的出色成績克服一個又一個掣肘發展中國家經濟發展與宏觀經濟穩定的「缺口」，客觀上需要不斷與時俱進，擴大對外開放，通過更大規模利用國際市場的投入品來保持國內製造業和其他產業的成本競爭力，通過分享中國成長的機會來引導外部交易夥伴與中國市場接軌，通過引進競爭壓力的「鯰魚效應」強化國內市場競爭，保持國內產業的活力。

站在更高層次上審視，「以開放促改革」的意義絕不僅僅局限於經濟領域，而是將波及全社會。任何事物都是一分為二的，長期的和平繁榮不可避免會孳生出一系列分利集團。能否打破這種分利集團並有效遏制其復發，是決定一國和平繁榮能否持久的關鍵。古今中外，概莫能外。

中共十八大以來的一系列作為，客觀上也是打破了改革開放時期孳生的一系列分利集團的利益格局。在此基礎上，通過擴大開放、促進改革，可以消除中國改革開放的暮氣，為整個國家、整個社會注入新的奮鬥朝氣。

北有雄安，南有海南，它們都充滿新的奮鬥朝氣，是試驗區，是希望之地，是奮鬥中國的縮影，讓人看到未來。任何一個經歷了長期和平繁榮的社會客觀上都需要自我革新，但能夠擁有這種勇氣、決斷與執行能力的政黨和國家很少。

面朝大海，再沐春風。今日之中國表現出了這種可貴的勇氣、決斷與執行能力，在「第二次革命」四十週年之際，再度出發。

作者為商務部研究院研究員

原刊於《人民日報海外版》（2018年4月14日第1版）

開放懷抱等你　你會愛上這裡

胡鞍鋼　李　萍

習近平主席在博鰲亞洲論壇二〇一八年年會開幕式上發表題為《開放共創繁榮　創新引領未來》的主旨演講，重申了中國對外開放的堅定立場，在對外開放方面採取一系列新的重大舉措，影響重大、意義深遠。

近年來，貿易保護主義升溫，經貿摩擦進入高峰期，美國帶頭挑起各種貿易摩擦，可能會殃及剛剛復甦的世界貿易投資增長。世界面臨開放還是封閉、前進還是後退的抉擇關口。滄海橫流方顯英雄本色。在這樣的背景下，習近平主席明確表態：中國開放的大門不會關閉，只會越開越大！

改革開放是實現中華民族偉大復興的必由之路，是中國的第二次革命。它使中國日益接近世界舞臺中央，成為全球經濟增長的「重要引擎」、全球創新的「排頭兵」、綠色生態發展的「先行者」、新一輪經濟全球化的「引領者」。

中國將大幅度放寬市場准入，加大開放力度。中國正加速構建開放型經濟新體制，在開放領域和開放程度方面還有較大空間和潛力。過去五年中國兩次修訂《外商投資產業指導目錄》，限制性措施較二〇一二年縮減百分之六十五，僅剩六十三條，其中製造業有十一條限制性措施，服務業有四十二條限制性措施。

中國正創造更有吸引力的投資環境。中國正在從「吸引外資大國」快速轉變為「對外投資大國」，外商直接投資和對外直接投資已居世界前列，但仍需要創造更有吸引力的投資環境，在全球吸引資金競爭中保

持已有優勢、創造新優勢。

中國加強智慧財產權保護。完善智慧財產權制度，加強智慧財產權保護既是中國加快建設創新型國家的必然要求，也是世界新一輪科技革命和產業變革的有效動力。中國已經成為世界最大的商標、發明專利申請量與授權量國，世界第二大國際專利申請量國，有效發明專利保有量居世界第三。產權制度是社會主義市場經濟的基石，完善智慧財產權制度，加強智慧財產權保護，既是中國加快建設創新型國家的內在需求，也是世界新一輪科技革命和產業變革的有效力。

中國主動擴大進口。中國已成為世界最大的市場之一，已占世界進口總量比重的十分之一左右，但仍有相當大的提升空間。中國對外貿易政策已經開始從重視出口創匯向進出口並重轉變，在支援出口增長的同時，積極擴大進口，追求對外貿易的平衡發展。擴大進口不僅可為國內消費者提供更多優質優價的選擇，也有助於帶動技術進步和產業升級。

中國改革開放四十年，成功實現從封閉、半封閉到全方位開放的偉大轉折，從世界第二十九位貨物貿易體一躍成為世界第一大貨物貿易體，創造了對外開放、融入世界經濟的奇蹟，也成為世界經濟增長、貿易增長的主要動力源和穩定器。

中國開放的大門不會關閉，只會越開越大。中國從積極融入經濟全球化到積極引領經濟全球化，將致力於推動經濟全球化朝著更加開放、包容、普惠、平衡、共贏的方向發展，也將持續推進自身的全面開放，為世界創造更大的發展機遇。

作者分別為清華大學國情研究院院長、
清華大學國情研究院助理研究員

原刊於《人民日報海外版》（2018年4月19日第1版）

中國全方位開放堅定不移

羅來軍

中國兩會，世界關注，今年尤其如此。世界經濟低迷、全球治理失衡、逆全球化思潮抬頭……當今的世界變局呼喚中國擔當，全球治理期待中國方案。世界不僅關注兩會上中國國內的「治國」舉措，更關注中國對外的「領世」方略。而中國兩會傳來的聲音也在向世界作出有力回應：「中國開放的大門不會關上」，「亮明中國向世界全方位開放的鮮明態度」。

面對逆全球化思潮，中國已成為經濟全球化的堅定宣導者和捍衛者。中國國家主席習近平在達沃斯世界經濟論壇二〇一七年年會釋放了一個強烈信號：中國堅決捍衛經濟全球化。經濟全球化是社會生產力發展的客觀要求和科技進步的必然結果，它為世界經濟增長提供了強勁動力，也確實帶來了新問題。但把困擾世界的問題簡單歸咎於經濟全球化，既不符合事實，也無助於問題解決。世界各國要適應和引導好經濟全球化，消解負面影響，更多釋放正面效應。

對於經濟全球化，中國不僅是宣導者，更是踐行者。近日，習近平總書記參加上海代表團審議時指出，建設自由貿易試驗區是黨中央在新形勢下全面深化改革、擴大對外開放的一項戰略舉措。中國開放的大門不會關上，要堅持全方位對外開放，繼續推動貿易和投資自由化便利化。上海要解放思想、勇於突破、當好標杆，對照最高標準、查找短板弱項，大膽試、大膽闖、自主改，進一步彰顯全面深化改革和擴大開放試驗田的作用，亮明中國向世界全方位開放的鮮明態度。

上海是中國對外開放的重要窗口，也是中國其他地方對外開放的標

杆。上海建設擴大開放試驗田，將給其他地方提供參考和示範。上海實施全方位開放所取得的可複製經驗和做法，也將推廣到其他地方，帶動中國整體對外開放。可以說，上海全方位開放的標準，將逐步成為中國全方位開放標準。更進一步來看，中國全方位開放也將成為世界各國開放的標杆。

有關擴大對外開放，二〇一七年政府工作報告作出多項具體部署：扎實推進「一帶一路」建設、落實和完善進出口政策、大力優化外商投資環境、推進國際貿易和投資自由化便利化。報告還指出，中國將堅決維護多邊體制的權威性和有效性，反對各種形式的保護主義；願與國際社會一道，為打造人類命運共同體作出新的貢獻。

這些部署，表明了中國在經濟全球化上的鮮明特點：積極而務實。中國政府的具體工作，成為推進經濟全球化的切實行為。中國的實踐也將為世界各國融入經濟全球化提供範本。

作者為中國人民大學國家發展與戰略研究院研究員、
經濟學院教授、中國方案研究院執行院長
原刊於《人民日報海外版》（2017年3月8日第1版）

構建人類命運共同體

打造共同命運　提振世界經濟

石建勳

世界經濟論壇二〇一八年年會一月二十三日至二十六日在瑞士達沃斯舉行，主題為「在分化的世界中打造共同命運」。

一年前在達沃斯論壇和聯合國日內瓦總部，中國國家主席習近平相繼發表題為《共擔時代責任　共促全球發展》和《共同構建人類命運共同體》的主旨演講，引起世界廣泛關注和共鳴。二〇一八年達沃斯論壇主題，堪稱習近平主席這兩次演講主題的延續。

近年來，中國提出的「構建人類命運共同體」理念、「共商共建共享」原則等深受關注。中國從新理念、新動力等方面，對世界，對經濟全球化作出了新貢獻。

中國為經濟全球化注入新理念。一年前，面對美國大選後保守主義、民粹主義、保護主義、排外主義等「逆全球化」思潮抬頭，世界面臨開放與封閉、合作與衝突、變革與守舊抉擇的關鍵時間窗口，習近平主席不遠萬里來到達沃斯和聯合國日內瓦總部，向世界莊嚴表明，中國旗幟鮮明反對保護主義，引領經濟全球化向更加包容普惠的方向發展。一年來，構建人類命運共同體理念，被國際社會廣泛接受，多次出現在聯合國相關文件和決議中。這一符合時代進步潮流，極具包容性和前瞻性，超越民族、國家和意識形態的先進理念，不僅是改革完善全球治理的新理念，也是經濟全球化發展的新方向，更是提振世界經濟的新思路。

中國為全球化注入新動力。中國積極推動新型全球化，堅持開放發展，既為實現自身繁榮發展創造條件，也為構建人類命運共同體貢獻力

量。二〇一七年五月，「一帶一路」國際合作高峰論壇在北京舉辦，這是各方共商共建「一帶一路」，共享互利合作成果的國際盛會，也是對接彼此發展戰略的重要合作平臺。高峰論壇期間及前夕，達成一系列合作共識，形成二百七十多項具體成果，為深入推進「一帶一路」建設合作項目落地，拓展國際合作新領域、打造合作新亮點，為推動沿線國家乃至世界各國互利共贏、共同發展作出了積極貢獻。

中國為提振世界經濟作出新貢獻。二〇一七年中國國內生產總值達八十二萬七千萬億元，同比增速達百分之六點九，為七年來首次回升。從增長動力看，消費成為中國經濟增長主動力，最終消費支出對國內生產總值增長的貢獻率為百分之五十八點八。國際貨幣基金組織報告認為，二〇一七年中國對全球經濟增長的貢獻約占三分之一，在世界經濟貿易雙復甦中發揮領頭羊作用。二〇一八年十一月，將在上海舉辦首屆中國國際進口博覽會，通過開放和共享中國市場，體現中國負責任的大國擔當，有利於形成示範效應，為推動構建人類命運共同體創造條件，為全球經濟強勁可持續平衡增長作出更大貢獻。

世界是一個大家庭。世界經濟你中有我，我中有你，任何國家、企業和個人都不可能獨自應對國際舞臺上各項挑戰，而是需要通力合作，共同構建互利共贏的命運共同體。打造開放、包容、普惠、平衡、共贏的新型經濟全球化，構建人類命運共同體的歷史潮流不可阻擋。

作者為同濟大學財經研究所所長、
上海市中國特色社會主義理論體系研究中心特約研究員
原刊於《人民日報海外版》（2018年1月24日第1版）

改善全球治理的一股清風

顧　賓

　　構建人類命運共同體，是新時代中國主動參與全球治理變革的頂層設計。兩年前開業的亞洲基礎設施投資銀行（簡稱亞投行），是構建人類命運共同體的新平臺、新機制。辦好亞投行，對於開闢一條不同於戰後布雷頓森林體系的新的全球治理路徑，具有非凡的示範意義。

　　「橫」看「縱」看亞投行。「橫」看，是指比較視角。傳統多邊開發銀行在開發金融機制建設和業務運營方面積累了大量「國際實踐」，亞投行以全球視野注意與同類機構交流互鑒，從而穩步構建其「精幹、廉潔、綠色」的核心理念。如亞投行實行的非常駐董事制度，就是借鑑了歐洲投資銀行的做法。

　　「縱」看，是指歷史視角。二戰後曾陸續建立多家多邊開發銀行，聲稱目的是幫助發展中國家發展，但由於實際上的投資業務並未與目標相契合，幾十年來，不僅在目標實現上不成功，而且自身聲譽和形象受損。亞投行後來居上，集中資源投資發展中國家的基礎設施，以務實、開放、創新的姿態，為改善全球治理注入一股清風。

　　把握多邊開發銀行的內在規律。相比商業銀行，由於有成員政府強有力的支持和分期放貸的監督機制，多邊開發銀行影響借款方的能力更強。體現在爭端解決機制上，多邊開發銀行的特點是「非法律式」，亞投行也將主要以談判協商的方式解決爭端。鑒於其使命所在，多邊開發銀行的功能之一是動員私營資本參與投資，為此世界銀行建立了為私營資本提供爭端解決機制的國際機構ICSID。亞投行也把撬動私營資本作為其重要目標之一，只要符合業務目的，且不違反章程明確規定，未來

就有可能建立類似ICSID的機構,「一帶一路」項目成為其主要業務來源。

　　從亞投行看全球經濟治理,也從全球經濟治理看亞投行。從亞投行看全球經濟治理,是指亞投行是二十一世紀新型多邊開發銀行。「新型」,註定了亞投行必須創新,在實踐中展示其創造性。作為亞投行的倡議國和最大股東,中國從未一家獨大。作為構建人類命運共同體的新平臺,亞投行堅持共商共建共享原則。

　　從全球經濟治理看亞投行,是指亞投行要堅持高標準。這既是對治理架構的要求,也體現在具體的投資專案中;既體現在環境和社會政策的制定、完善和落實上,也體現在專案採購規則的設計和執行過程中。亞投行堅持的高標準必須能落地、可執行。

作者為北京外國語大學法學院助理教授

原刊於《人民日報海外版》(2018年2月7日第1版)

人間自有公道　陽光自當普照

賈秀東

　　伴隨著中國的持續發展壯大，國際上「中國威脅論」也不斷出現新的版本。事實上，中國人實現中國夢的過程給世界帶來的是和平，不是動盪；是機遇，不是威脅。正如國家主席習近平在十三屆全國人大一次會議上講話時所說：「對中國人民為人類和平與發展作貢獻的真誠願望和實際行動，任何人都不應該誤讀，更不應該曲解。人間自有公道在！」

　　第一，資料會說話，事實勝於雄辯。中國是全球經濟增長的主要貢獻者，年均貢獻率達到百分之三十以上，超過美國、日本以及歐元區國家的總和。由於對華經貿關係的拉動，不少國家躲過了國際金融危機帶來的巨大風險，或者較早擺脫了這一危機的消極影響。中國是全球減貧事業的主要貢獻者，對世界減貧的貢獻率超過百分之七十，創造了人類歷史上的奇蹟，而且還幫助一些欠發達國家脫貧致富。中國還是維護世界和平的主要貢獻者，成為聯合國安理會五個常任理事國中派出聯合國維和人員最多的國家，維和經費出資居世界第二位。

　　第二，不搞「零和遊戲」，行動勝於空談。歷史上，那些走國強必霸老路的國家，篤信「零和遊戲」，往往以自己的利益為圓心畫半徑，以是否符合一己之私來判定國家關係的親疏，來制定對他國政策。中國則以國家間的共同利益為基礎開展對外關係，願意和各國在相互尊重、平等互利的基礎上發展關係，決不會以犧牲別國利益為代價來發展自己。中國的發展不是自私自利、損人利己、我贏你輸的發展。遠的不說，過去五年，中國提出「一帶一路」等重大倡議，積極參與全球治

理，維護貿易自由化和開放型世界經濟，秉持的都是共商共建共享原則。推動構建相互尊重、公平正義、合作共贏的新型國際關係，推動構建人類命運共同體，已成為新時代中國特色大國外交的目標。

第三，編織全球夥伴關係網，中國獲點讚。中國在國際關係中不搞拉幫結派，更不搞拉一派打一派。在全球化時代，世界各國相互依存度不斷增加，需要的是能夠同舟共濟的合作夥伴，而不是單槍匹馬的英雄。中國本著對話而不對抗、結伴而不結盟的精神，致力於同各國建立平等、開放、包容、合作、共贏的夥伴關係。中國秉持親誠惠容的理念，讓周邊國家和人民更多分享中國改革開放的紅利。中國與非洲、拉美等發展中國家合作發展迅猛，很大程度上因為這種合作符合這些國家的需要，有助於改善其民生，提高自主發展能力。正所謂「志合者，不以山海為遠」。中國與歐美發達國家的合作在本質上也是平等互利的，這些國家支持發展對華關係的力量和意見仍占據主流。

中國的發展得益於同世界的良性互動，中國也將以自身發展促進世界的和平與發展。中國既不會妄自尊大，也不會妄自菲薄。中國屢經磨難，選擇了最符合自身國情和人民意願的發展道路和制度框架，探索出一條國家治理的新路子，不僅積累了大量財富，更積累了豐富的經驗，更加自信。只要中國自己不停歇，任何人都阻擋不了中國人民實現中國夢的步伐，阻止不了中國與世界良性互動的大趨勢。正如習近平所說，中國將為世界貢獻更多中國智慧、中國方案、中國力量，推動建設持久和平、普遍安全、共同繁榮、開放包容、清潔美麗的世界，讓人類命運共同體建設的陽光普照世界！

作者為本報特約評論員、中國國際問題研究院特聘研究員
原刊於《人民日報海外版》（2018年3月22日第1版）

博鰲論壇影響力越來越大

張　潔

　　博鰲亞洲論壇二〇一八年年會，四月八日將在海南拉開帷幕。中國國家主席習近平將應邀出席論壇年會開幕式並發表重要主旨演講，會見與會外國國家元首、政府首腦和國際組織負責人，集體會見論壇理事，並同與會中外企業家代表座談。

　　各界預期，正值中國改革開放四十週年之際，貫徹落實中共十九大精神的開局之年，習近平主席將在主旨演講中對中國改革開放的經驗與啟示作出深刻論述，對新時期繼續擴大開放和深化改革作出權威闡述，就推動構建亞洲和人類命運共同體、開創亞洲和世界美好未來發出中國的聲音。

　　習主席的主旨演講，將是本次論壇最大的亮點。這次演講，對深入推進新時代中國特色大國外交、推動構建亞洲和人類命運共同體具有重大意義。

　　博鰲亞洲論壇，是在亞洲多個國家政要共同倡議下、在一九九七年亞洲金融危機後應運而生的國際性會議組織，其初衷是構建一個亞洲人討論亞洲事務的平臺和場所。近年來，隨著中國與亞洲在全球經濟中的權重不斷加大，以及中國政府給予的大力支持，博鰲亞洲論壇的功能和議題已經大為擴展，逐漸成為兼具亞洲特色和全球影響的國際交流平臺。

　　二〇一八年度的博鰲亞洲論壇年會，以「開放創新的亞洲，繁榮發展的世界」為主題，設置了「全球化與『一帶一路』」「開放的亞洲」「創新」「改革再出發」等四大板塊。這表明論壇將圍繞最重要的兩組關

係——開放與改革、中國與世界，展開深入的探討。據悉，將有來自全球的二千多位嘉賓會聚論壇。不僅如此，中國財政、金融等部門負責人將隨習近平主席參會，並闡述新財金班底的政策思路，公布金融業改革開放的政策和舉措。因此，此次論壇年會，無疑將為世界和亞洲更為深入具體地瞭解中國模式的成功經驗提供機會，也將成為中國與國際各界人士共商合作共贏大計，共謀發展繁榮良方的盛事。

博鰲，意為魚類豐饒之地。在過去十七年間，博鰲從一個默默無聞的濱海小鎮，發展成為日益具有國際影響力的亞洲論壇的永久性會址，已經成為中國改革開放成就的一個縮影，也是中國逐步國際化，走近世界舞臺中央的代表之一。

習近平主席此行，是其八年來第四次參加博鰲亞洲論壇。這在相當程度上提升了博鰲亞洲論壇的國際影響力與吸引力，也為論壇的長久發展注入了深厚活力。根據權威資訊，多國國家元首、政府首腦和國際組織負責人已確定參加博鰲論壇，其中一些政要還將在會後訪華。

這充分體現了，博鰲亞洲論壇作為二〇一八年中國四大主場外交活動的開局之作，所具有的廣泛聯動效應。未來，順應天時地利人和，博鰲亞洲論壇將進一步豐富自身功能和活動方式，在凝聚亞洲共識，推動區域合作，堅定支持全球化方面發揮越來越重要的作用。

作者為中國社科院亞太與全球戰略研究院研究員
原刊於《人民日報海外版》（2018年4月6日第1版）

為世界謀大同　彰顯天下情懷

賈秀東

　　四月八日，國家主席習近平會見來訪的聯合國祕書長古特雷斯時表示，「我們所做的一切都是為人民謀幸福，為民族謀復興，為世界謀大同」。習近平所言是中國共產黨不變的宗旨和不忘的初心。

　　俗話說，「開門七件事，柴米油鹽醬醋茶」。對於中共來說，「一枝一葉總關情」，關心廣大民眾的日常需求、安危冷暖、喜怒哀樂，為民眾排憂解難，增強民眾幸福感與獲得感，非常接地氣，職責所在，是為「為人民謀幸福」。從國家和民族的前途與命運來說，實現中華民族從站起來、富起來到強起來的歷史性轉變，顯著增強綜合國力，顯著提高國際地位，也是中共的歷史使命，是為「為民族謀復興」。

　　為世界謀大同，則是「為人民謀幸福，為民族謀復興」的自然延伸。不僅希望中國人民自己過得好，也希望各國人民都過得好，秉持「內外兼修、兼濟天下」，把中國發展與世界發展聯繫起來，為人類進步作出更大貢獻，同樣是中共的歷史使命。世界好，中國才會好。中國好，世界才會更好。由此習近平提出人類命運共同體概念，既充分體現了中共對人類前途命運的關注和追求世界大同的奮鬥精神，也體現了中國作為負責任大國的擔當意識。

　　為世界謀大同，根植於深厚的中國傳統文化。習近平說過，中華民族歷來講求「天下一家」，主張民胞物與、協和萬邦、天下大同，憧憬「大道之行，天下為公」的美好世界。不論是「人類命運共同體」宣導，還是構建新型國際關係的實踐，都貫穿著「為世界謀大同」的理念。

為世界謀大同，並不是追求單一模式一統天下。習近平曾指出，我們願同世界分享中國的發展機遇和經驗，但絕不會將自己的道路、模式、理論強加於人。我們不「輸入」外國模式，也不「輸出」中國模式，不會要求別國「複製」中國的做法。各國文化不同，國情各異，是客觀現實。「謀大同」意味著秉持「天下一家」理念，彼此理解，求同存異，尋求人類和平發展的最大公約數，共同為構建人類命運共同體而努力。

為世界謀大同，不是一家獨大、唱獨角戲。面對複雜的國際形勢和全球性問題，任何國家都不可能獨善其身、一枝獨秀。當今世界最需要摒棄你輸我贏、贏者通吃的老一套邏輯，爾虞我詐、以鄰為壑的老一套辦法。習近平提出人類命運共同體的理念，宣導構建新型國際關係，推進「一帶一路」倡議，致力於全球治理，都貫穿著「共商共建共享」原則，強調一個「共」字。

為世界謀大同，並非烏托邦，也不可能一蹴而就。推動構建人類命運共同體和新型國際關係，中國既充滿信心，又很清醒。習近平說，我們應該鍥而不舍、馳而不息進行努力，不能因現實複雜而放棄夢想，也不能因理想遙遠而放棄追求。

可以相信，不論國際形勢如何變幻，中國「為世界謀大同」的初心不會改變，將以實際行動，堅定不移推動構建人類命運共同體，始終做世界和平的建設者、全球發展的貢獻者、國際秩序的維護者，為人類持久和平、發展和繁榮不斷貢獻中國智慧和力量，讓中華民族偉大復興的中國夢與人類命運共同體的美好願景交相輝映。

作者為本報特約評論員、中國國際問題研究院特聘研究員
原刊於《人民日報海外版》（2018年4月10日第1版）

合作畫出金磚「同心圓」

羅來軍

九月三日至五日，金磚國家領導人第九次會晤將在福建省廈門市舉行。自二〇〇六年首次外長會議以來，金磚國家歷經十年發展，已成為國際舞臺上的重要力量。廈門會晤將開啟下一個「金色十年」。

廈門會晤期間，中方將舉行新興市場國家與發展中國家對話會，首次邀請新興市場國家與發展中國家的五位領導人出席，與金磚國家領導人一道，聚焦落實二〇三〇年可持續發展議程，推動建設具有全球影響的南南合作及國際發展合作平臺。

中方願與其他成員國一道，共同把金磚合作做大、做實、做強，提高金磚機制的「含金量」，以造福五國並惠及世界。從範圍看，金磚合作機制影響力可概括為三個層次：發端於金磚國家，擴大到更多的發展中國家，再延展至世界，合作的「同心圓」如水波一樣蕩漾開來。

第一個層次是金磚五國的「拳頭合作」。

習近平主席曾指出，金磚國家就像五根手指，伸開來各有所長，攥起來就是一隻拳頭。中國、俄羅斯、南非、巴西、印度金磚五國有著共同或相似的發展階段、發展特徵和發展挑戰，五國之間資源稟賦、經濟發展各有優勢，存在廣泛而巨大的合作潛力。五國精誠合作形成一隻拳頭，與分散開來的五根手指相比，力量就會大增，能夠結出更多互惠共贏的碩果。致力於「拳頭合作」，將是金磚國家合作的方向。

第二個層次是發展中國家的「活力合作」。

九月五日上午，習近平主席將主持召開新興市場國家與發展中國家對話會。毫無疑問，金磚國家是新興市場國家與廣大發展中國家的領頭

羊，金磚國家的發展模式對其他發展中國家有重要參考意義。「金磚＋」有助於增添金磚活力，有助於促進新興市場國家與發展中國家共同發展，有助於建設開放、包容、普惠、共贏的全球化。作為金磚國家輪值主席國，中國今年圍繞「深化金磚夥伴關係，開闢更加光明未來」的主題，舉辦了一系列活動，新興市場國家與發展中國家深度參與，金磚合作機制與南南合作機制不斷深化。

第三個層次是世界各國的「新路合作」。

廈門會晤期間，習近平主席將主持召開領導人小範圍會議、大範圍會議。其中，小範圍會議的主要議題包括世界經濟形勢和全球經濟治理、國際和地區熱點問題、國家安全和發展。金磚國家作為新興市場國家與發展中國家的代表，有責任也有能力為應對各種全球性挑戰發揮積極和建設性作用。金磚合作機制將為世界各國的互惠共贏開闢合作新路，注入合作新活力。

今年二月，聯合國決議首次寫入習近平主席首倡的「構建人類命運共同體」理念。正所謂「一言得而天下服，一言定而天下聽，公之謂也」。

合作中發展，發展中合作。為「天下人」建設「天下」，建設「天下人」的「天下」。在各方共同努力下，廈門會晤將是一場開啟世界各國嶄新合作的會晤。

作者為中國人民大學重陽金融研究院高級研究員、
中國方案研究院執行院長
原刊於《人民日報海外版》（2017年9月1日第1版）

人類命運共同體成全球共識

陳須隆

　　回顧二〇一七年的中國特色大國外交，我們不難發現一條貫穿始終的鮮明主線，這就是推動構建人類命運共同體。

　　這一年，中國在推動構建人類命運共同體方面有兩次重要闡述。

　　第一次發生在國外。二〇一七年一月十八日，在聯合國日內瓦總部，習近平主席發表題為《共同構建人類命運共同體》的主旨演講，回答了中國為何要推動構建人類命運共同體、要構建一個什麼樣的人類命運共同體，以及怎樣構建人類命運共同體這三大基本問題，明確構建人類命運共同體旨在建設一個持久和平的世界、一個普遍安全的世界、一個共同繁榮的世界、一個開放包容的世界和一個清潔美麗的世界。這個演講讓構建人類命運共同體的中國方案植根於公認的國際秩序原則之中，並使之與聯合國崇高事業全面對接，凸顯了中國角色、中國貢獻、中國擔當，產生了廣泛的世界影響。

　　第二次發生在國內。中共十九大報告中，明確中國特色大國外交要推動構建新型國際關係，推動構建人類命運共同體。這成為習近平新時代中國特色社會主義思想的重要內容，把推動構建人類命運共同體上升到很高的政治高度，十分有利於統一思想並堅定行動。

　　這一年，中國把構建人類命運共同體理念成功變成全球性共識，推動其多次載入聯合國相關決議，取得歷史性突破。二月十日，聯合國社會發展委員會第五十五屆會議通過「非洲發展新夥伴關係的社會層面」決議，「構建人類命運共同體」理念首次被寫入聯合國決議。三月十七日，聯合國安理會通過關於阿富汗問題的第二三四四號決議，「構建人

類命運共同體」理念首次載入安理會決議。三月二十三日，聯合國人權理事會第三十四次會議通過關於「經濟、社會、文化權利」和「糧食權」兩個決議，「構建人類命運共同體」理念首次載入聯合國人權理事會決議。這若干個「首次」均體現了國際社會共識，彰顯了中國理念和中國方案對全球治理的重要貢獻。

這一年，中國打造構建人類命運共同體新平臺，共同譜寫歷史新篇章。一是舉辦了「一帶一路」國際合作高峰論壇，確認構建人類命運共同體是各方共同願望。二是召開了中國共產黨與世界政黨高層對話會，圍繞「構建人類命運共同體、共同建設美好世界：政黨的責任」這一主題進行深入探討。三是建立了南南人權論壇，宣導以合作促發展，以發展促人權，共同構建人類命運共同體。這些新平臺，將承載構建人類命運共同體的重要使命，凝聚起共商共建的智慧和力量。

這一年，中國推動人類命運共同體在周邊國家和地區落地生根取得新進展，邁出歷史新步伐。中國加強互聯互通和發展對接，妥善處理重大現實問題，依託多邊合作機制，多措並舉，著力打造更加緊密的中國—東盟命運共同體，具有戰略意義的中老命運共同體、中越命運共同體，成效顯著。

人類命運共同體理念，體現了人類共同的價值取向。回望二〇一七年，中國以實際行動，匯聚起構建人類命運共同體的強大力量；展望未來，中國將繼續為人類社會作出實實在在的貢獻。

作者為中國國際問題研究院國際戰略研究所所長
原刊於《人民日報海外版》（2017年12月28日第1版）

共創人類更加光明未來

賈秀東

　　中共中央總書記、國家主席習近平在中國共產黨與世界政黨高層對話會開幕式發表主旨談話，分析了當今世界局勢，指明了人類面臨的選擇，回答了「世界怎麼了、我們怎麼辦」這一重大問題。

　　習近平指出，人類生活的關聯前所未有，同時人類面臨的全球性問題數量之多、規模之大、程度之深也前所未有。世界各國人民前途命運越來越緊密地聯繫在一起。

　　同一片藍天，同一個家園，一榮俱榮、一損俱損。面對兩個「前所未有」的世界局勢，人類有兩種選擇：要麼爭權奪利，惡性競爭，甚至兵戎相見；要麼順應時代發展潮流，協力迎挑戰、協作謀發展。要實現世界和平與發展，人類只能選擇後者。

　　「前所未有」的局面，要求以「前所未有」的勇氣來擔當。正如習近平所說，世界各國人民應該秉持「天下一家」理念，張開懷抱，彼此理解，求同存異，共同為構建人類命運共同體而努力。

　　政治上，應堅持相互尊重、平等協商。雖然各國國情不同、制度各異，但不應存有「非我族類，其心必異」信條。西方價值觀念、社會制度和經濟模式在其語境中有存在的合理性，但並非放之四海而皆準。不應將本國意志強加於別國，動輒對別國事務指手畫腳，甚至橫加干涉。

　　安全上，應堅持共同安全、合作安全。世界上，一些國家或群體還秉持零和遊戲、你輸我贏的舊思維，陷入戰略互疑、相互防範的安全困境。各國都感到安全，整個世界才能安全。一國安全不能建立在他國不安全基礎上。安全上良性互動才能增進共同安全，避免緊張輪番升級。

經濟上，應堅持互利共贏、共同繁榮。在經濟全球化滲透到世界各個角落的今天，沒有與世隔絕的孤島，也沒有哪個國家或群體能夠退回到自我封閉的孤島。出了問題，不能簡單地把「棍子」打到經濟全球化上。以鄰為壑，無異於作繭自縛。各國發展休戚相關，應維持國際貿易和投資自由化便利化的大方向，推動經濟全球化朝著更加開放、包容、普惠、平衡、共贏方向發展。

文化上，應堅持開放包容、交流互鑒。世界文明交流，是人類社會發展進步的重要推動力。人類有文明交流的豐富經驗，也有文明碰撞的慘痛教訓。應擯棄種族優越、宗教優越、文明優越的思維和做法，以交流對話代替隔閡，以共存互鑒代替衝突。

生態上，應堅持環境友好、綠色發展。生態文明建設關乎人類未來，是功在當代、利在千秋的事業，其立足點是建立人與自然和諧關係，其核心點是實現人與自然協調發展。應樹立尊重自然、順應自然、保護自然的意識，堅持走綠色、低碳、循環、可持續發展之路。

上述五個方面是構建人類命運共同體的基本內容，也是檢驗各個國家或群體是否有人類命運共同體意識和作為的尺規。習近平指出，事要去做才能成就事業，路要去走才能開闢通途。構建人類命運共同體是一個歷史過程，不可能一蹴而就，也不可能一帆風順，需要付出長期艱苦的努力。中國舉起構建人類命運共同體的旗幟，既是宣導者，也是踐行者，願與各方攜手，抓住歷史機遇，作出正確選擇，責任共擔，利益共享，攜手建設更加美好的世界，共創人類更加光明的未來。

作者為本報特約評論員、中國國際問題研究院特聘研究員
原刊於《人民日報海外版》（2017年12月11日第1版）

建設更加美好世界

阮宗澤

　　中共中央總書記、國家主席習近平十二月一日在中國共產黨與世界政黨高層對話會上發表主旨講話，向來自一百二十多個國家近三百個政黨和政治組織的領導人深刻闡述了關於構建人類命運共同體、建設更加美好的世界的思想，充分體現了對人類發展和世界前途的關心，直擊心靈，引起共鳴。

　　建設更加美好的世界，植根於中華民族血脈深處的文化基因。中華民族歷來講求「天下一家」，主張民胞物與、協和萬邦、天下大同，憧憬「大道之行，天下為公」的美好世界。中華文化在二十一世紀煥發了新的活力，湧現出新的思想，以對美好世界的共同追求來定義中國與世界的關係。共建「一帶一路」已成為有關各國實現共同發展的廣闊合作平臺。

　　建設更加美好的世界，是中國站在新的歷史起點上發出的倡議。習近平講話緊緊圍繞這一主題，指出「古往今來，過上幸福美好生活始終是人類孜孜以求的夢想」。今年七月，習近平就已在德國主流媒體發表題為《為了一個更加美好的世界》的署名文章，談到這一思想。中國呼籲世界各國人民秉持「天下一家」的理念，張開懷抱，彼此理解，求同存異，共同為構建人類命運共同體而努力。這一主張的萌芽、成形、完善及堅持，始終貫穿以人為本的思想，體現了把人民利益放在第一位的博大情懷。

　　建設更加美好的世界，是中國夢的國際表達和延伸。中國正朝著實現中華民族偉大復興的中國夢而努力，為的是讓人民過上更美好的生

活。中共十九大報告將人民放在第一位，指出：進入中國特色社會主義新時代，中國社會主要矛盾已經轉化為人民日益增長的美好生活需要和不平衡不充分的發展之間的矛盾。這是對中國未來發展方向、發展目標的精準定位。今天的中國與世界的關係空前緊密，你中有我，我中有你，立己達人，互為機遇。

建設更加美好的世界，是開闢合作共贏新天地的有效方略。當前世界面臨各種矛盾與衝突，地區熱點持續動盪，恐怖主義蔓延肆虐，和平赤字、發展赤字、治理赤字是擺在全人類面前的嚴峻挑戰。對此，任何一個國家都不可能獨善其身，必須攜手合作，共同應對。特別是如何建設一個更美好的世界，成為國際社會的必答題。共同構建人類命運共同體就是中國交出的答卷。通向這一美好願景的大道就在各國人民腳下。這就是建設相互尊重、公平正義、合作共贏的新型國際關係，建設持久和平、普遍安全、共同繁榮、開放包容、清潔美麗的世界。

全世界不同種族、不同民族與國家的人民生活在同一片藍天下，擁有同一個地球，面對全球性的種種挑戰，應該如家人一樣團結起來。中國人民既追求美好生活，也嚮往更加美好的世界，無論是前者還是後者，都將人民置於首位，可謂美美與共、交相輝映。為人民謀幸福，讓世界更美好，這是新時代中國正在濃墨重彩續寫的奇蹟。

作者為中國國際問題研究院常務副院長、研究員
原刊於《人民日報海外版》（2017年12月12日第1版）

世界都需聆聽時代的聲音

鄭　劍

　　世界在巨變。當今世界再不是以前那個世界了，不僅失去了歷史深處的面貌，甚至不同於過去一年的樣子。我們處在一個大發展大變革大調整的時期，也正處在一個挑戰層出不窮、風險日益增多的時代。

　　時代潮流洶湧澎湃、風雲變幻莫測，我們應該怎樣面對這樣一個時代？習近平說：「只有立足於時代去解決特定的時代問題，才能推動這個時代的社會進步；只有立足於時代去傾聽這些特定的時代聲音，才能吹響促進社會和諧的時代號角。」我們需要聆聽時代的聲音，中國需要，其他國家需要，全世界都需要。習近平在瑞士的兩場演講，聚焦經濟全球化、人類命運共同體，即為中國回應時代聲音，為世界開出的藥方。

　　什麼是當今時代的聲音？仁者見仁、智者見智。如果取其「最大公約數」，大概有這樣一些主要方面。

　　和平與發展。冷戰結束以來，人類社會進入新的時代，和平與發展成為這個時代的主題。唯有和平與發展，才能讓各國人民過上好日子。和平與發展相輔相成，沒有和平就不能實現發展；沒有發展就難以保障長期和全面和平。時至今日，和平與發展依然是世界面臨的最大問題，一個也沒有得到根本解決，此伏彼起的戰火衝突給千百萬人帶來災難和痛苦，發展不足和發展失衡極大地影響和威脅人類幸福與世界和平。和平與發展仍是時代強音，促進和平與發展依然任重道遠。

　　矛盾與問題。矛盾是事物發展的動力，它無時不有、無處不在。問題是時代的口號，是它表現自己精神狀態的最實際的呼聲。人類社會的發展就是要不斷解決面對的各種矛盾與問題。如果這些矛盾與問題得不

到及時妥善解決，就會制約人類社會發展。伴隨世界多極化、經濟全球化深入發展，文化多樣化、社會資訊化持續推進，氣候變化、恐怖主義、能源短缺以及發展失衡、貧富懸殊等全球性矛盾與問題不斷增多、日益突顯，影響世界和平與發展。國際金融危機爆發以來，世界格局加快調整，一些國家亂象頻現，經濟失速、社會失序、機制失效、治理失能令人困擾和憂慮。解決這些矛盾與問題，成為當今時代的重大課題。

變革與創新。問題增多、矛盾突顯，考驗著人類的能力和智慧。怎樣解決當前人類社會面對的矛盾與問題？唯有變革與創新。在新的時代條件下，拒絕變革就會落伍，不能創新就會停滯。變革與創新成為當今時代的顯著特徵，成為人類精神的時代內涵。也應看到，面對變革與創新帶來的變化變動，一些西方國家產生「不適症」、欲走「回頭路」，過時思維揮之不去，逆時言行應之而起。然而，「青山遮不住，畢竟東流去」，變革未有窮期，創新永無止境。

尊重與協商。世界已經變成地球村，人類成為命運共同體，沒有哪個國家可以獨善其身，沒有任何人物能夠隻手擎天。大家的事要大家辦，世界的事要一起辦。這其中，大國要承擔更多責任、發揮更大作用，但不能包打天下、包攬一切。共商、共建、共享是促進和平與發展的基本原則，也是解決矛盾與問題的有效辦法。這就需要積極推進全球治理體系變革，推動國際關係民主化，其核心就是尊重與協商。尊重是相互尊重，協商是共同協商，這是國際正義的內在要求。唯我獨尊、損人利己沒市場，迷信武力、倚強凌弱行不通。唯有相互尊重和共同協商，才能實現雙贏共贏，開創人類社會的美好未來。

思危者得安，善聽者則慧。時代的聲音歸根結底是各國人民的聲音，是世界最大多數人的聲音。聆聽時代的聲音，推動時代的進步，正是當今時代的要求和呼喚。我們當善聽，世界宜共聽。

作者為本報高級編輯

原刊於《人民日報海外版》（2017年1月24日第1版）

為更加包容的全球化鼓與呼

羅來軍

　　過去一年，逆全球化思潮和貿易保護主義不斷擡頭，反全球化行為也不斷出現。全球化是非功過到底如何？博鰲亞洲論壇二〇一七年年會於三月二十三日舉行，主題為「直面全球化與自由貿易的未來」，亞洲將發出堅定聲音，為更加包容的全球化和更高程度的貿易自由化鼓與呼。

　　博鰲亞洲論壇為何宣導包容性的全球化？這是因為，包容性發展能夠有效遏制不同國家在「分蛋糕」時可能產生的不公平與非平衡問題。所謂包容性發展，就是要使全球化、地區經濟一體化帶來的利益和好處，惠及所有國家，使經濟增長所產生的效益和財富，惠及所有人群，特別是要惠及弱勢群體和欠發達國家。

　　博鰲亞洲論壇在宣導和堅持包容性發展上具有歷史淵源。其二〇一一年年會主題就確定為「包容性發展：共同議程與全新挑戰」，與會各國商討包容性發展方略，減弱和規避各國之間的不均衡增長以及一國內部的不平衡發展。在二〇一六年末，博鰲亞洲論壇在澳大利亞墨爾本召開會議探討全球化的未來，達成重要共識：全球化要照顧到被邊緣化和利益受損的人群，具有更大的包容性；充分肯定和堅持全球化的基本原則和積極面，不能開倒車。

　　亞洲是全球化的重大受益者，也崛起成為全球化的重要推動者。中國作為亞洲最大國家，是全球化和世界發展的最大貢獻者。二〇一六年，中國對世界經濟增長的貢獻率高達百分之三十三點二，分別為美國、日本貢獻率的約三倍和二十倍。與亞洲相同的是，發達國家也是全

球化的重大受益者，但部分發達國家把本國內經濟利益分配等因素導致的困難和問題歸咎於全球化，並試圖掩上全球化的大門。在全球化站在十字路口的當下，博鰲亞洲論壇「直面全球化與自由貿易的未來」，並擬通過一個關於全球化的倡議。這不僅僅是亞洲各國共謀可持續發展和共享繁榮的「良方」，也將是世界尤其是逆全球化思潮擡頭的發達國家的「良藥」。

對於如何發展更具包容性的全球化，中國以實際行動提供了具體方案和抓手。自習近平總書記提出「一帶一路」倡議以來，已經有一百多個國家和國際組織回應並參與其中。「一帶一路」不僅是沿線國家的合作平臺，也歡迎世界各國積極參與、合作共贏，已經成為包容性發展的大平臺、大機制、大藍圖。

習近平總書記還從人類命運的本源和高度出發，提出構建人類命運共同體理念，旨在建設世界各國利益共生、行動共治、成果共享的整體性人類命運共同體，這將是包容性發展的最高層級。今年二月分聯合國決議首次寫入「構建人類命運共同體」理念，而三月分聯合國安理會決議又首次載入「構建人類命運共同體」理念。國際社會的一系列行為表明，「構建人類命運共同體」正逐步成為人類命運包容發展的行為指南、方向指引和思想引領。

作者為中國人民大學國家發展與戰略研究院研究員、
經濟學院教授、中國方案研究院執行院長
原刊於《人民日報海外版》（2017年3月25日第1版）

建設更加美好世界的中國方案

陶　略

　　回顧哥倫布發現新大陸以來五百年的歷史變遷，從威斯特伐利亞體系到世界殖民體系再到維也納體系，人類從未放棄對國際秩序的追求，卻始終未能突破「地區觀」的桎梏，擺脫「利己觀」的考量。時至今日，民粹主義、孤立主義、保護主義愈演愈烈，地緣衝突、難民危機、恐怖主義層出不窮，西方主導的「自由秩序」運轉不靈，國際秩序走到了調整轉型的十字路口。

　　如何撥開歷史的迷霧，重現新秩序的光明？面對這一時代命題，習近平主席開創性地提出了人類命運共同體理念，為建設更加美好的世界提供了中國方案，為塑造更加公正合理的國際新秩序作出了「屋頂式」設計。今年初，「構建人類命運共同體」首次寫入聯合國決議，表明這一理念得到聯合國廣大會員國的普遍認同，已成為重要國際共識。

　　構建人類命運共同體，將推動各國走上平等相待的交往新道路。人類命運共同體不是「一國獨霸」「幾方共治」，而是各國平等相待、相互尊重，世界的前途命運由各國共同掌握。在人類命運共同體感召下，國與國相處將堅持主權平等，不搞以大欺小、恃強凌弱、強買強賣，不以價值觀決定親疏遠近，逐步消除人類社會中的意識形態隔閡，使未來國際秩序更加開放包容、豐富多彩。

　　構建人類命運共同體，將引領各國開拓合作共贏的發展新前景。人類命運共同體不是你輸我贏、贏者通吃，而是各國榮辱與共、興衰相伴，合作共贏成為唯一正確的選擇。應擯棄零和遊戲、你輸我贏的舊思維，奉行雙贏、共贏的新理念，在追求自身利益時兼顧他方利益，在尋

求自身發展時促進共同發展。習近平主席提出的「一帶一路」正是一條合作共贏之路，也是一條通往人類命運共同體之路。

　　構建人類命運共同體，將促進各國打造共商共享的治理新模式。人類命運共同體不是少數國家在國際事務中當家做主、拍板決策，而是各國共定國際議程、共掌規則制定、共治全球事務。在人類命運共同體指引下，國際治理機制將更好地順應時代潮流和國際格局變化，更加平衡地反映大多數國家意願和利益，使各國共擔責任、共享成果，這是國際秩序更加公正合理的基礎所在。

　　「孤舉者難起，眾行者易趨。」在國際秩序面臨方向性選擇的歷史關口，人類命運共同體理念的提出，順應了時代潮流，超越了意識形態，為人類社會發展進步指明了方向、描繪了藍圖。中國不僅要做人類命運共同體的宣導者、宣傳者，也要做先行者、建設者，與各國攜手推動國際秩序向更加公正合理方向發展，共同建設「各美其美，美人之美，美美與共，天下大同」的美好未來。

作者為國際問題觀察員

原刊於《人民日報海外版》（2017年6月27日第1版）

中國方案與聯合國宗旨相一致

沈丁立

近日，第七十二屆聯合國大會一般性辯論備受關注。九月二十一日，中國外長王毅發表演講，緊扣兩年前習近平主席在第七十屆聯合國大會一般性辯論上的演講主題，強調「構建以合作共贏為核心的新型國際關係，打造人類命運共同體」。王毅指出，這一中國方案同聯合國宗旨一脈相承，與各會員國追求高度契合，得到國際社會的廣泛理解支援，成為我們共同奮鬥的目標。

奉行人類命運共同體的理念，各國就應該在追求本國利益時兼顧他國合理關切，在謀求本國發展中促進各國共同發展。《聯合國憲章》開宗明義，尊重「大小各國平等權利之信念」。為此，各國應「彼此以善鄰之道，和睦相處」，應「集中力量，以維護國際和平及安全」，還「保證若非公共利益，不得使用武力」，並將「運用國際機構，以促成全球人民經濟及社會之進展」。

新世紀以來，中國不斷推動和發展人類命運共同體理念。二〇一一年中國發表《中國的和平發展》白皮書，首次提出要以命運共同體為新視角，尋求人類利益和共同價值的新內涵。二〇一二年，中共十八大報告提出，「合作共贏，就是要宣導人類命運共同體意識，在追求本國利益時兼顧他國合理關切，在謀求本國發展中促進各國共同發展，建立更加平等均衡的新型全球發展夥伴關係，同舟共濟，權責共擔，增進人類共同利益」。

二〇一三年，習主席在莫斯科國際關係學院演講，向世界傳遞對人類走向的中國判斷。四年多來，習主席上百次論述人類命運共同體，中

方努力推動各國探尋關於人類共同利益和價值的共識，積極引導國際社會在處理國與國關係中謀取最大公約數。

無論是處理大國關係，還是對待各國家之間的關係，中國都主張「新型大國關係」以及「新型國際關係」的準則，國無論大小，都應相互尊重、互利共贏。我們要建立平等相待、互商互諒的夥伴關係；要營造公道正義、共建共享的安全格局；要謀求開放創新、包容互惠的發展前景；要促進和而不同、兼收並蓄的文明交流；要構築尊崇自然、綠色發展的生態體系。

中國主張，構成當代中國關於國際治理的重要方案，與聯合國所宣導的「和平、發展、公平、正義、民主、自由」的崇高目標相一致，並且更接地氣，更加貼近當代國際關係的現實。

人們同時看到，個別大國不顧國際合作的傳統，行必以自己「優先」，日益極度趨利。如此以鄰為壑，與《聯合國憲章》精神南轅北轍。這般自私自利，勢必重挫人類安全和發展的平等與普惠原則。

面對逆流，中國矢志合作共贏的決心堅定不改。為此，中國積極創新合作機制，推出人類命運共同體宏偉藍圖。無論是創建亞投行，或是推動區域全面經濟夥伴計畫，還是提出「一帶一路」倡議，中國無不踐行「新型國際關係」方針。譬如，中國為地區緊張局勢降溫殫精竭慮，提議朝鮮半島對峙方實行「雙暫停」，事實上提出了目前階段地區維穩的最佳方案。

中國是聯合國的創始成員國之一，中國與世界共同締造了聯合國關於和平與安全、公平與發展的永世原則。中國正以前所未有的努力，遵循和發展中國方案，與世界各國一起打造人類命運共同體。

作者為復旦大學國際問題研究院副院長、教授
原刊於《人民日報海外版》（2017年9月25日第1版）

中國與世界共同邁向美好明天

王義桅

　　十一月十日、十一日，國家主席習近平出席APEC工商領導人峰會並發表主旨演講、出席APEC領導人非正式會議並發表重要談話。這是中共十九大後，習主席首次在國際多邊舞臺發出中國聲音、提出中國方案，備受世界矚目。

　　習主席在主旨演講中指出，中國的發展是一個歷史進程。在中國共產黨領導下，中國人民將開啟新征程。第一，這是全面深化改革、持續釋放發展活力的新征程。第二，這是與時俱進、創新發展方式的新征程。第三，這是進一步走向世界、發展更高層次開放型經濟的新征程。第四，這是以人民為中心、邁向美好生活的新征程。第五，這是推動構建新型國際關係、推動構建人類命運共同體的新征程。

　　習主席在重要談話中指出，我們要看到世界經濟正在發生深層次重大變化。亞太各方應該因勢利導，立足於行動，引領全球新一輪發展繁榮。

　　在引領新一輪發展繁榮的新征程中，中國與世界將共贏、共振、共鳴、共享。

　　——共贏：過去四年，中國經濟平均增長率為百分之七點二，對世界經濟增長的平均貢獻率超過百分之三十，成為世界經濟的主要動力源。在此基礎上，中國將繼續堅持建設開放型經濟，努力實現互利共贏。中國與亞太國家要努力打造平等協商、廣泛參與、普遍受益的區域合作框架，合力構建開放型亞太經濟，促進貿易和投資自由化便利化；引導經濟全球化朝著更加開放、包容、普惠、平衡、共贏的方向發展，

等等。

　　——共振：中國加快構建開放型經濟新體制，轉變對外貿易和投資方式，繼續推動對外貿易由量的擴張轉向質的提升。與此同時，中國將繼續加強互聯互通，實現與世界的聯動發展：要以亞太經合組織互聯互通藍圖為指引，建立全方位、多層次、複合型的亞太互聯互通網路，充分發揮互聯互通對實體經濟的輻射和帶動作用，形成協調聯動發展的格局。中方提出共建「一帶一路」倡議的核心內涵，就是促進基礎設施建設和互聯互通，加強經濟政策協調和發展戰略對接，促進協同聯動發展，實現共同繁榮。

　　——共鳴：中國正成為各種創新要素發揮集聚效應的廣闊平臺，不論基礎設施還是經濟業態，不論商業模式還是消費方式，都迸發出創新的澎湃動能。這種創新發展引發亞太地區和世界的廣泛共鳴。互信、包容、合作、共贏的夥伴關係，是亞太大家庭的精神紐帶，這與中國宣導的外交原則形成共鳴。

　　——共享：中國國內的共享發展正延伸到中國與亞太地區及世界的共享發展。中國將堅持走和平發展道路，始終做世界和亞太地區的和平穩定之錨。中國將秉持正確義利觀，積極發展全球夥伴關係，擴大同各國的利益匯合點，推動建設相互尊重、公平正義、合作共贏的新型國際關係。中國將秉持共商共建共享理念，積極參與全球治理體系改革和建設，推動國際政治經濟秩序朝著更加公正合理的方向發展。

　　亞太是全球經濟最大的板塊，也是世界經濟增長的一個主要引擎。唯有洞察世界經濟發展趨勢，才能找準方位，把握規律，果敢應對。在共贏、共振、共鳴、共享的新征程中，中國將與世界共同邁向美好明天。

作者為中國人民大學國際事務研究所所長、國際關係學院教授
原刊於《人民日報海外版》（2017年11月12日第1版）

積極促進「一帶一路」國際合作

中國正走向更遼闊的世界

嚴　冰

　　「一帶一路」國際合作高峰論壇召開在即，中國進入「一帶一路」時間。站在這個節點上，回首往昔，讓人備感自豪。二〇一三年，習近平主席種下了「一帶一路」的種子。三年多來，「一帶一路」倡議已從一顆種子長成了大樹。穿越「一帶一路」，中國正在走向更遼闊的世界；穿越「一帶一路」，世界正在發現一個更壯麗的中國。

　　三年多來，已經有一百多個國家和國際組織積極回應倡議，中國企業對沿線國家投資達到五百多億美元，一系列重大專案落地開花，帶動了沿線各國經濟發展，創造了大量就業機會。「一帶一路」倡議來自中國，成效惠及世界。這個倡議為何能得到如此熱烈的回應？

　　首先，「一帶一路」上有互利雙贏的合作。時光倒流千年，絲綢、瓷器、茶葉就是那個時候的「中國名片」。如今，新的「中國名片」更加靚麗，從高鐵到核電，從電商到工業園區，「一帶一路」上的國際合作成果越來越多。「駝鈴一響，黃金萬兩。」古代絲綢之路通過貿易往來帶來財富流動，如今「一帶一路」則通過廣泛國際合作派發民生「大紅包」。汽車、鐵路、就業機會，這是經濟紅包；中國每年為「一帶一路」沿線國家和地區的數千名留學生提供了政府獎學金，這是文化紅包。在「一帶一路」上「搶紅包」，體現的是三年多來參與國家對合作共贏的熱情。

　　第二，「一帶一路」上有心心相印的朋友。中國的「一帶一路」倡議，不是一家唱獨角戲，而是歡迎各方共同參與；不是謀求勢力範圍，而是支持各國共同發展；不是營造自己的後花園，而是建設各國共享的

百花園。「一帶一路」在拉動沿線國家經濟發展的同時，也拉近了沿線各國人民心與心之間的距離。正因為秉持開放包容的理念，中國的這一倡議才得到了越來越多國家和人民的廣泛認同和擁護。

第三，「一帶一路」上有充滿希望的願景。二〇一六年一月十六日，五十七個國家「大合唱」，共同籌建的亞投行在北京開業。今年三月，亞投行成員數擴展到七十個，成員數僅次於世界銀行，法定資本達到一千億美元。開業一年多，亞投行用超過十七億美元的貸款撬動了一百二十五億美元的投資，為一些國家基礎設施建設解決了融資難題。以亞投行、絲路基金為代表的投融資平臺，成果超出預期，充滿希望。

在如今的「一帶一路」上，古代絲綢之路和海上絲綢之路留下的歷史印記依然清晰：兩千多年前，中國的張騫曾出使西域；七百多年前，義大利的馬可・波羅曾在中國遊歷；六百多年前，中國的鄭和率領的船隊揚帆起航；四百年前，德國的克雷費爾德市就同杭州開始了絲綢貿易……中國和世界的經濟文化交流自古就不絕如縷。在二十一世紀的今天，在二〇一七年五月十四日舉行的「一帶一路」國際合作高峰論壇上，中國又將迎來各國嘉賓，屆時勝友如雲，高朋滿座，我們充滿期待！

作者為本報高級編輯
原刊於《人民日報海外版》（2017年5月11日第1版）

開闢「一帶一路」文化共榮新未來

王樹成

時維九月，大地流金。九月十九日，二○一七「一帶一路」媒體合作論壇在敦煌開幕。四年前的秋天，習近平主席提出共建「絲綢之路經濟帶」和「二十一世紀海上絲綢之路」的重大倡議。四年來，「一帶一路」建設逐漸從理念轉化為行動，從願景轉變為現實，成果豐碩，前景光明。

二○一四年，人民日報因勢而動，首次舉辦「一帶一路」媒體合作論壇，迄今已成功舉辦四屆，成為由中國媒體舉辦的規模最大、參與國家最廣、參會媒體最多、最具代表性和影響力的全球媒體峰會。去年，習近平主席向「一帶一路」媒體合作論壇致賀信，希望各國媒體用好這個平臺，在推動國家關係發展、溝通民心民意、深化理解互信方面積極有為，為「一帶、一路」建設發揮積極作用。

四年來，「一帶一路」媒體合作論壇取得了一系列重要成果，有力促進了「一帶一路」建設。二○一七年，「一帶一路」媒體合作論壇首次走向北京之外，來到甘肅敦煌，尋求更廣範圍內的合作共贏。甘肅地處「一帶一路」黃金段，七千多公里的絲綢之路甘肅就占了一千六百多公里，是國家向西開放的重要門戶。作為文化大省，甘肅與絲路文化的聯繫非常緊密，在甘肅舉辦「一帶一路」媒體合作論壇，舉辦絲路文化發展論壇有著特殊的意義。

本次論壇上，「人民日報『一帶一路』文化中心」正式揭牌，中心將以「文明互鑒、文化共榮」這一世界文明亙古不變的發展規律為旨歸，整合海內外特別是「一帶一路」參與國家的文化資源，建立一個國

際化、創新性的「一帶一路」文化研究、交流與合作平臺。

「一帶一路」延伸之處，都是人文交流聚集活躍之地。民心交融要綿綿用力，久久為功。在這方面，媒體不可缺位，文化同樣大有可為。作為人民日報的重要組成部分，人民日報海外版是黨中央的重要外宣媒體，在向海外傳播黨和政府聲音、積極傳播中華優秀文化、宣介中國發展變化方面具有得天獨厚的優勢。今年八月，人民日報海外版、中國出版集團與西安市共同主辦的「絲綢之路文化行」啟動。「絲綢之路文化行」致力於尋求絲路故事的創新表達、絲路精神的當代闡發、絲路遺產的深度挖掘，為「一帶一路」建設提供更多精神能量與文化動力。此次在敦煌舉辦的絲路文化發展論壇同時也是「絲綢之路文化行」的第二站。

千年文明的敦煌，穿越古今中西，是文明互鑒交融的典範。我們會聚於此，感悟我們時代的使命，宣達我們的光榮與夢想。正如我們剛剛發布的《敦煌宣言》所言，兩千多年前，我們的先輩篳路藍縷，穿越草原沙漠，開闢出聯通亞歐非的陸地絲綢之路；我們的先輩揚帆遠航，穿越驚濤駭浪，闖蕩出連接東西方的海上絲綢之路。古絲綢之路打開了各國友好交往的新窗口，書寫了人類發展進步的新篇章。它綿互萬里，延續千年，積澱了以和平合作、開放包容、互學互鑒、互利共贏為核心的絲路精神。

透迤絲路澤遺百代，創新表達引領變革。絲路盛會上，文藝界、出版界、媒體界的朋友們從各地匯聚敦煌，共商絲路文化發展大計，共話絲路文化興盛前景，共建絲路文明長廊，感受古老文明與現代智慧的交融與碰撞。絲路文化發展論壇在敦煌召開，利於傳承絲綢之路精神薪火，不斷啟動多樣文明中的優秀傳統，進而促進參與國家和諧共融、增進民生福祉、推動社會文明進步。

浩渺行無極，揚帆但信風。「一帶一路」，始於願景，成於行動。

我們要秉持絲路精神，做絲路文化的使者，把中國的故事講述好，把中國的聲音傳播遠。讓我們凝心聚力，攜手並肩，開闢「一帶一路」文化互通共榮的美好未來。

作者為人民日報社編委、人民日報海外版總編輯
原刊於《人民日報海外版》（2017年9月20日第1版）

「一帶一路」的世界交響

王義桅

四月十九日，習近平主席兩次應約通電話。一次是與英國首相特雷沙‧梅，一次是與土耳其總統埃爾多安。這兩次電話，都提到一個共同話題——共建「一帶一路」。

與前者通電話時，習近平指出，推進「一帶一路」框架下務實合作，為中英關係「黃金時代」提質加速提供更多機遇。與後者通電話時，習近平強調，要加強發展戰略對接，提升中土務實合作整體水準，做好「一帶一路」和「中間走廊」倡議的對接。特雷莎‧梅和埃爾多安均有積極回應。

幾天前，世界經濟論壇主席施瓦布與習主席會見時，也專門提到，世界經濟論壇對過去四十年來與中國的合作感到自豪，願在支持推進「一帶一路」建設，促進創新發展等方面同中國加強長期合作。四月八日，聯合國祕書長古特雷斯則盛讚說，我贊同習主席關於構建人類命運共同體的主張，支持中方「一帶一路」合作等旨在實現所有國家共同繁榮的重要倡議。相信這些倡議將為國際社會帶來最大利益。

近年來，中國參與的雙邊或多邊活動，一個非常明顯的變化是，「一帶一路」幾乎成為標配式話題。越來越多的外國領導人和國際組織負責人，對這一話題積極探討或報以興趣。如日本首相安倍晉三日前在會見中國外長王毅時，就明確表示，期待「一帶一路」建設能夠有利於地區經濟的恢復和發展。

一個不爭的事實是，「一帶一路」的世界魅力，日益彰顯。五年前，習近平主席提出了共建「一帶一路」倡議。五年來，已經有八十多個國家和國際組織同中國簽署了合作協定。它魅力何在？

站位上，「一帶一路」是為世界謀大同。中國所做的一切都是為人民謀幸福，為民族謀復興，為世界謀大同。中國宣導並推進「一帶一路」，目的也是謀求各國發展戰略對接，形成共同發展勢頭，增強對美好未來的信心。共建「一帶一路」倡議源於中國，但機會和成果屬於世界，共建「一帶一路」有利於更好造福各國人民。

　　政治上，「一帶一路」不打小算盤。中國不打地緣博弈小算盤，不搞封閉排他小圈子，不做凌駕於人的強買強賣。「一帶一路」的核心內容是促進基礎設施建設和互聯互通，對接各國政策和發展戰略，深化務實合作，促進協調聯動發展，實現共同繁榮。中國提出「一帶一路」倡議，就是為了實現人類命運共同體，考慮的是全球發展。

　　實踐上，「一帶一路」強調共商共建共享。「一帶一路」建設是全新事物，在合作中有些不同意見是完全正常的，只要各方秉持和遵循共商共建共享的原則，就一定能增進合作、化解分歧，把「一帶一路」打造成為順應經濟全球化潮流的最廣泛國際合作平臺。

　　「一帶一路」是一劑良藥。當今世界，全球化遭遇危機。可從三個歷史維度看：從短時段看，世界迄今未走出國際金融危機，西方國家出現反全球化、反一體化現象；從中長期看，二十世紀八〇年代以來新自由主義驅使的全球化式微，華盛頓共識式微，需要「再全球化」，構建人類命運共同體；從大歷史看，人類進入大轉型、大風險時期，現行體系和觀念難以承載幾十億級人口的全球化。「一帶一路」倡議的提出，利於借助絲綢之路歷史開創全球合作新局。

　　一個美好圖景可期：以「一帶一路」為抓手，各國人民同心協力、攜手前行，努力構建人類命運共同體，共創和平、安寧、繁榮、開放、美麗的世界。

作者為中國人民大學重陽金融研究院高級研究員

原刊於《人民日報海外版》（2018年4月21日第1版）

推動「一帶一路」建設行穩致遠

王義桅

　　新時代呼喚新思路。「一帶一路」正在開創中國和世界發展的新路。今年的政府工作報告五次提及「一帶一路」。報告指出，五年來，「一帶一路」建設成效顯著，對外貿易和利用外資結構優化、規模穩居世界前列。今後，中國將繼續堅持共商共建共享，推進「一帶一路」國際合作，推動國際大通道建設，擴大國際產能合作，優化對外投資結構。

　　隨著建設不斷深化，「一帶一路」經貿合作取得豐碩成果。一是貿易規模越來越大，二〇一七年，中國與「一帶一路」國家進出口總額達一萬一千億美元；二是投資領域不斷拓寬；三是大項目扎實推進，鐵路、公路和港口等基礎設施相繼建成，能源資源合作專案重點推進，一批製造業專案竣工投產。中國在「一帶一路」相關國家已經建設了七十五個境外經貿合作區，累計直接投資超過六百億美元。「一帶一路」作為「和平之路、繁榮之路、開放之路、創新之路、文明之路」，其特質體現得日益充分。

　　新事物的發展不會一帆風順。五年來，外界在環境、勞工標準、債務、透明度、政府採購、社會責任等方面對「一帶一路」存在質疑聲音。習近平主席有針對性地提出綠色絲綢之路、廉潔之路等理念，增進了世界對「一帶一路」的信心，同時，「一帶一路」建設本身也以事實澄清了誤解。

　　比如，西方媒體熱炒的所謂「債務問題」是個偽命題。投資往往會使負債率提高，但關鍵要看投資形成的資產能否為經濟和社會發展提供

支援。中國最近十年修了兩萬多公里高鐵，雖然因此形成了一定債務，但高鐵產生顯著溢出效應，優化沿線產業布局，帶動旅遊業、房地產業發展，促進脫貧致富，有效推動了經濟發展和社會進步。中國改革開放初期曾大量從世行、亞行借貸，經濟快速起飛，並沒有造成債務償還危機。這個道理也適用於「一帶一路」建設。

再譬如，一些西方國家對「一帶一路」理解得很狹隘，要麼把它視為古代絲綢之路復興，要麼僅僅把它當做基建專案，缺乏對「五通」的深刻理解。還有的國家擔心「一帶一路」不符合現有標準和規則，擔心損害自身利益，動搖國際體系。事實上，「一帶一路」是開放包容的，也是透明的，中國不會也沒必要「另起爐灶」，推翻西方規則重來。

在事實面前，在機遇面前，英國、法國等越來越多的西方國家積極參與「一帶一路」合作。日本對「一帶一路」合作的相關議題也一直很關注。中國歡迎日本參與「一帶一路」合作，也希望與日本一道在「一帶一路」框架下進一步合作。「一帶一路」需要西方發達國家參與，西方國家也需要「一帶一路」。

中國人說，「萬事開頭難」。五年來，「一帶一路」建設已經邁出堅實步伐。我們要乘勢而上、順勢而為，推動「一帶一路」建設行穩致遠，邁向更加美好的未來。

作者為中國人民大學重陽金融研究院高級研究員、

察哈爾學會「一帶一路」研究中心主任

原刊於《人民日報海外版》（2018年3月13日第1版）

「一帶一路」：中國與世界的「千年之約」

賈秀東

九月十九日，二〇一七「一帶一路」媒體合作論壇將在甘肅敦煌揭幕。

四年前，習近平主席出訪中亞和東南亞國家，先後提出共建「絲綢之路經濟帶」和「二十一世紀海上絲綢之路」。四年來，「一帶一路」建設由點及面，取得了顯著的成果，對世界產生了深刻影響。

中國倡議轉化為國際合作。「一帶一路」倡議提出以來，得到國際社會積極回應和廣泛支持，稱之為「一呼百應」也不為過。截至目前，共有一百多個國家和國際組織積極支援和參與，七十多個國家和國際組織同中國簽署合作協定，一系列部門間合作協定覆蓋政策溝通、設施聯通、貿易暢通、資金融通、民心相通等「五通」領域。中國與三十多個「一帶一路」參與國家簽訂產能合作協定，一大批合作專案陸續啟動，很多專案已經落地生根，取得「早期收穫」。今年五月北京「一帶一路」國際合作高峰論壇成果清單包括五大類、七十六大項、二兩七十多項具體成果。在「一帶一路」框架下，中國與各國的合作較之過去更具有系統性，領域也更加廣泛。「一帶一路」參與者成了中國國際合作的「朋友圈」。

中國理念演化為國際共識。「一帶一路」倡議的提出和實踐體現了黨的十八大以來中國外交的新理念。「一帶一路」倡議以合作共贏為核心，秉持「共商、共建、共享」原則，突出一個「共」字，不搞排他

性，不走單行道，不強加於人，是在相互尊重、平等互利的基礎上，通過對話、協商與合作來實現共贏。這些理念和原則已經被「一帶一路」國際合作「朋友圈」所接受，並被更多的國際組織所認可。日前，第七十一屆聯合國大會在通過的關於「聯合國與全球經濟治理」決議中，就要求「各方本著『共商、共建、共享』原則改善全球經濟治理，加強聯合國作用」。

中國方案融入全球治理。「一帶一路」倡議是中國統籌國內國外兩個大局、構建開放型經濟體制的偉大戰略構想，也是中國參與和完善全球治理體系的主動作為。習近平說，世界那麼大，問題那麼多，國際社會期待聽到中國聲音、看到中國方案，中國不能缺席。說到底，全球治理涉及全球事務誰來管、如何管的問題。「一帶一路」建設就是中國參與全球治理的一個重要途徑，是迄今為止中國為世界提供的最重要的公共產品。「一帶一路」源於中國，屬於世界。「一帶一路」聚焦發展，順應經濟全球化大趨勢，同時又尊重發展道路選擇的多樣性，鼓勵各國探索適宜自身國情的發展道路。發展戰略對接是「一帶一路」倡議的一張名片，強調各國尋找利益契合點，共同打造政治互信、經濟融合、文化包容的利益共同體、命運共同體和責任共同體，將改變全球治理的格局和面貌。

「一帶一路」倡議根植於歷史，又面向未來，是連接「中國夢」與「世界夢」的一大橋梁，是中國與世界的「千年之約」。「一帶一路」建設潛力巨大，前景廣闊，必將極大地拓展中國的發展空間和戰略迴旋餘地，推動國際秩序朝著更加公正合理的方向演變，使各國人民更好地共享機遇、共謀發展。

作者為本報特約評論員、中國國際問題研究院特聘研究員

原刊於《人民日報海外版》（2017年9月19日第1版）

法國緣何高調支持「一帶一路」

王義桅

元旦剛過，法國總統馬克龍抵達古絲綢之路的起點西安，開展對中國的首次國事訪問。這也是十九大後，中國接待的首個歐盟國家元首。除了尊重中國歷史文化傳統外，馬克龍從西安啟程，更讓人想到「一帶一路」。西安明年將舉辦「一帶一路」國際合作高峰論壇。馬克龍在大明宮發表演講和會見習近平主席時，均盛讚「一帶一路」倡議的價值。

事實上，去年九月博鰲亞洲論壇在巴黎舉行「一帶一路」亞歐戰略對接主題會議，馬克龍接見出席會議中方代表時就曾表示，「一帶一路」是中方提出的重大倡議，具有重要的政治、經濟和文化意義，法方願與中方在共同遵守相關規則和標準的基礎上，積極參與「一帶一路」建設，促進亞歐大陸和非洲的繁榮穩定發展。

法國為何高調支援並參與「一帶一路」建設？

其一，通過參與引領對華合作。法國歷來有獨立自主的外交風格。發展對華關係，法國敢為天下先。中法關係在引領中西、中歐關係等方面，有示範意義。一九六四年法國同中國建交，這是西方世界第一個同中國建交的大國，隨後產生多米諾骨牌效應。法國希望引領西方國家在「一帶一路」框架下加強同中國的合作，維護和提升法國在歐洲乃至世界上的地位。馬克龍訪華時表示，「歐洲和中國在『一帶一路』方面的協調至關重要，法國將發揮積極作用」。我們有理由相信，法國可引領西方在「一帶一路」框架下加強同中國的合作。

其二，通過參與維護和拓展海外市場。馬克龍總統重視中國提出的「一帶一路」倡議，期待中國增加在法國的投資，創造更多就業機會，減少法方的貿易逆差。二〇一八年以後中國經濟內需將逐步增長，中國

的市場准入尤其是公共採購市場准入條件將會放寬，十一月將在上海舉辦的國際進口博覽會，利於增加法國對中國的出口。法國比較重視協力廠商合作。中法合作開發英國核電市場，已經為「一帶一路」框架下協力廠商市場合作樹立了榜樣。

其三，通過參與推廣法國和歐洲理念：多邊主義、多極平衡世界觀、全球治理等。在英國投票脫歐和美國總統特朗普及其「美國優先」政策崛起後，TTIP被停掉，歐洲各國正在重新評估自二戰結束以來支撐其經濟的貿易關系。為平衡大西洋關係，法國呼籲更關注歐亞大陸。素來被稱為法國總統馬克龍「信使」的法國經濟部長勒梅爾去年底表示，法國希望經由俄羅斯，建立連接歐洲與中國的貿易「主幹道」，作為對抗日益不確定的與美英兩國貿易關係的方式。同時，法國十分看重「一帶一路」所展示的多邊外交、全球治理和跨區域合作情景，希望通過參與推廣其理念。

其四，通過參與推銷法國和歐洲標準。馬克龍呼籲歐洲積極參與中國「一帶一路」倡議同時也強調，中國和歐洲應該在「均衡的夥伴關係框架」內開展合作，投資規則也應符合歐洲的標準和「雙方共同期待」。

英國脫歐後，法國成為歐盟內唯一的聯合國安理會常任理事國。在會見馬克龍總統時，習近平主席為此強調，中方主張構建人類命運共同體，法方也持相似的理念，兩國可以超越社會制度、發展階段、文化傳統差異，增進政治互信，充分挖掘合作潛力。

「一帶一路」建設，與發達國家「共商共建共享」至關重要，資金、技術、人才、標準等，離不開西方企業。當然，我們也要引導好法國的參與熱情，以打造與西方共商共建共享「一帶一路」的示範。

作者為中國人民大學「歐盟讓・莫內講席」教授

原刊於《人民日報海外版》（2018年1月10日第1版）

「一帶一路」全面延伸到拉美大陸

王義桅

日前，中國—拉美和加勒比國家共同體論壇第二屆部長級會議在智利首都聖地牙哥閉幕。會議專門通過並發表了《「一帶一路」特別聲明》。中拉雙方都同意共同建設「一帶一路」。在中國同世界各國共建「一帶一路」進程中，拉美不應缺席，而應扮演重要角色。東道主智利外長艾拉爾多‧穆尼奧斯在聖地牙哥舉行的新聞發布會上說，現在是「一帶一路」國際合作來到拉美的最佳時機。

以中拉論壇第二屆部長級會議為標誌，習近平主席提出的共建「一帶一路」偉大構想已經全面延伸到拉美大陸，成為覆蓋各大陸、連接各大洋、最受歡迎、規模最大的國際合作平臺，也是中國向世界提供的最重要公共產品。

習近平主席給中拉論壇第二屆部長級會議開幕致賀信指出，歷史上，我們的先輩劈波斬浪，遠涉重洋，開闢了中拉「太平洋海上絲綢之路」。今天，我們要描繪共建「一帶一路」新藍圖，打造一條跨越太平洋的合作之路，把中國和拉美兩塊富饒的土地更加緊密地聯通起來，開啟中拉關係嶄新時代。

在中拉關係的嶄新時代，「一帶一路」將發揮重要作用。中拉合作建設「一帶一路」具有歷史合情性、現實合理性和未來可期性。

歷史合情性。「一帶一路」建設在拉美及加勒比地區的拓展是歷史的自然延續。早在十六世紀中葉，「太平洋海上絲綢之路」就連接起中拉。通過這條海上通途，雙方不僅發展貿易，也促進兩大文明交流。巴拿馬運河、拉美鐵路留下華工的血汗，這為中拉合作建設「一帶一路」奠定了堅實民意與感情基礎。

現實合理性。得天獨厚的拉美及加勒比地區地域遼闊，自然資源豐富，社會經濟發展基礎良好，中拉關係具有明確的相互依賴和經貿增長潛力。拉美國家對中國發展模式和改革開放成就讚不絕口，紛紛將本國夢與中國夢對接。中國市場的強大支撐和中國經濟發展的帶動，在拉美經濟的復甦中起到關鍵作用。美洲開發銀行最新資料顯示，二〇一七年拉美及加勒比地區對中國貿易出口額同比增長百分之三十，中國對拉美出口增長貢獻最大。

未來可期性。建立公正合理的國際秩序是中拉共同意志。擺脫依附體系，實現現代化，打造橫向互聯互通全球化，是中拉命運共同體的重大使命。智利與中國正考慮在兩國之間建設一條跨太平洋海底光纜，將拉美與中國連在一起。亞非拉國家在數個多邊機構有著良好的合作，諸如二十國集團、聯合國、金磚五國、亞太經合組織論壇、東亞－拉美合作論壇等等。拉美國家的加入，使「一帶一路」成為一個新的發展中國家合作平臺。

中國外交部長王毅建議中國與拉共體重點深化五大領域的合作，即共同建設陸洋一體的大聯通，培育開放互利的大市場，打造自主先進的大產業，抓住創新增長的大機遇，開展平等互信的大交流。中拉共建「一帶一路」有著牢固合作基礎。中國同智利、祕魯、哥斯大黎加建成雙邊自貿區，同多個地區國家達成貿易和投資便利化安排，簽署了產能合作協定。近年來電子商務、數位經濟的興起，又為中拉經貿往來推開了新的大門。在推進「一帶一路」過程中，中拉合作也將實現優化升級、創新發展，打造出領域更寬、結構更優、動力更強、品質更好的中拉合作新局面，開闢出中拉合作的新境界。

作者為中國人民大學習近平新時代中國特色社會主義思想研究院、
國家發展與戰略研究院研究員
原刊於《人民日報海外版》（2018年1月25日第1版）

「一帶一路」吸引世界目光

王義桅

日前，在中國共產黨和日本自民黨、公明黨共同舉辦的中日執政黨交流機制第六次會議上，不少內容涉及「一帶一路」建設。

「一帶一路」靠什麼吸引世界？

一是本質。「一帶一路」抓住了「發展」這個解決一切問題的總鑰匙。發展中國家沒有發展起來，發達國家則是發展動力不足。換言之，發展是當今世界面臨的共同難題，貧困、貧富差距都需要用發展來解決。發展是解決安全問題和全球治理問題的根本，日益成為國際共識。更關鍵的，發展導向成為新型全球化的主流理念。展望未來，「一帶一路」將發揮推動相關各國實現經濟政策協調、開展更大範圍更高水準更深層次區域合作、增進相關各國人民人文交流與文明互鑒等作用。

二是內涵。「一帶一路」牽住了世界經濟發展的「牛鼻子」：基礎設施。基礎設施互聯互通充分展示了中國的新比較優勢。中國在「鐵公基」（指鐵路、公路、機場、水利等重大基礎設施建設）、人機交互、萬物互聯等傳統、新興基礎設施各個領域，從設計、建造、運行到管理、資金、技術、人才等各個環節，大多具有無可比擬的優勢。世界銀行資料顯示，估計到二○二○年，發展中國家每年基礎設施建設投入將達到兩萬億美元。「要致富，先修路」，這種中國經驗對其他發展中國家具有普遍吸引力。

三是方式。「一帶一路」宣導的開放包容、戰略對接等理念符合世界各國的共同利益。「一帶一路」宣導戰略對接，將發達國家、發展中國家、新興國家最廣泛地連接在一起，真正實現東西、南北、中外、古

今的大融通。「一帶一路」的開放包容理念適應了世界的多樣性。「一帶一路」建設恪守聯合國憲章的宗旨和原則，堅持開放合作、和諧包容、市場運作和互利共贏，歸納為三個詞就是共商、共建、共享。這是「一帶一路」魅力的重要體現。

當然，「一帶一路」的魅力還在於集中展示了中國五千年文明的魅力，在於中國走出了一條符合自身國情發展道路的魅力，以及改革開放的魅力。去年底，筆者訪問黎巴嫩時，黎方說，二十一世紀不是中國世紀嗎？中國世紀來臨的標誌，就是「一帶一路」。他們感慨說，黎巴嫩和其他阿拉伯國家如果不抓住「一帶一路」機遇，就抓不住二十一世紀的機遇。

總之，「一帶一路」讓發展中國家看到希望，讓發達國家看到商機，讓新興經濟體看到信心。「一帶一路」正吸引世界，造福各國民眾，成為當今世界最大的發展倡議、民生工程和公共產品。

作者為中國人民大學「讓・莫內講席教授」、
察哈爾學會「一帶一路」研究中心主任
原刊於《人民日報海外版》（2017年8月15日第1版）

中哈合作：「一帶一路」典範對接

王 文

「很期待能夠見到習主席，遠遠地看著，都會很開心！」一位哈薩克斯坦朋友幾天前發來微信說。他將會參加六月七至十日中國國家主席習近平訪問哈薩克期間的某場公開活動。對此，他感到無比榮耀。

這位朋友對中國的好感主要源於「一帶一路」建設的推進。去年，筆者曾到訪哈薩克首都阿斯坦納。他帶領遊覽這座城市時，對筆者講起中國企業與中國人投資帶來的積極變化。他的事例正是「一帶一路」促進中哈「民心相通」的典型案例，同時也折射出中哈合作已經成為「一帶一路」的典範對接。

這種典範對接首先表現在政策溝通上。此次習主席訪哈是四年內的第三次，也是五月「一帶一路」國際合作高峰論壇後習主席首次出訪，同時，也是習主席與哈薩克總統納扎爾巴耶夫的第十六次會面，如此熱絡的高層互動在中外關係上是不多見的。

值得一提的是，作為「絲綢之路經濟帶」的首倡之地，二〇一六年九月哈薩克斯坦領全球之先，與中國簽訂《「絲綢之路經濟帶」建設與「光明之路」新經濟政策對接合作規劃》，這是「一帶一路」框架下簽署發布的第一個雙邊戰略對接協定。共建「一帶一路」為中哈關係發展注入更多動力，也為兩國人民帶來更多福祉。

政策溝通又為設施聯通、貿易暢通和資金融通注入了動力與源泉。目前，雙方已達成五十一個產能合作早期收穫項目；中國對哈累計投資已達四百二十八億美元，哈薩克躍居中國「一帶一路」最大對外投資對象國。二〇一六年，過境哈薩克的中歐貨運班列開行量逾一千兩百次；

已穩定運行近四千天的中哈原油管道名副其實地成為「絲綢之路第一管道」，並進入「億噸」時代。

民心相通也在中哈關係的深入發展中得到深化。現如今，哈薩克在華留學生一萬四千人，超過本國在校大學生的百分之二；二〇一六年兩國人員往來的人次約占哈薩克人口的百分之三。在哈薩克電視臺常常播放像《舌尖上的中國》《溫州一家人》等中國優秀影視劇。國內的少數民族哈薩克族溫和善良，也成為兩國民心相通的純天然民間大使。

回望過去，中哈兩國在「五通」領域迅猛推進，西邊這個領土大國與中國不斷走近。誠如習主席七日在《哈薩克真理報》發表的署名文章所說，「共同的期盼、共同的夢想將中哈兩國人民緊密連接在一起，兩國人民正同心築夢，並肩追夢，攜手圓夢」。

展望未來，此次習主席訪問哈薩克，還會為推進中哈全面戰略夥伴關係、推動中哈全方位合作加速發展作出全面部署。兩國在共建「一帶一路」合作、產能合作、高技術合作、旅遊文化合作、安全合作、多邊戰略支持上又會有長足的發展。

中哈關係在近年來的發展，使得中哈合作成為「一帶一路」建設的「典範對接」，相信習主席此訪將再為兩國關係發展注入更強動力。可以預想，因為哈薩克「典範對接」的榜樣作用，「一帶一路」作為一個共商、共建、共享的全球倡議推進將變得更加扎實、更加順暢。

作者為中國人民大學重陽金融研究院執行院長
原刊於《人民日報海外版》（2017年6月8日第1版）

「一帶一路」與上合組織互為動力

蘇曉暉

近期，習近平主席出席上海合作組織成員國元首理事會第十七次會議（阿斯坦納峰會）。此次峰會再次見證「一帶一路」倡議與上合組織合作相互促進、共同發展。

習主席在會上發表題為《團結協作　開放包容　建設安全穩定、發展繁榮的共同家園》的重要談話。談話指出，中方和有關各方正積極推動「一帶一路」建設同歐亞經濟聯盟建設等區域合作倡議以及哈薩克「光明之路」等各國發展戰略對接，上海合作組織可以為此發揮重要平臺作用。

確實，上合組織是「一帶一路」建設與區域合作倡議、各國發展戰略對接的重要平臺。二〇一三年，習主席在上合成員國哈薩克發表演講，啟動「絲綢之路經濟帶」這一創新合作模式。二〇一四年上合組織杜桑貝峰會期間，中俄蒙三國元首舉行首次會晤，確立三個鄰國推進互聯互通和跨境運輸，打造中蒙俄經濟走廊，成為「一帶一路」建設的一次精彩「路演」。二〇一五年上合組織烏法峰會發表的宣言中明確寫入，成員國支持中國關於建設絲綢之路經濟帶的倡議，認為成員國相關主管部門開展相互磋商和資訊交流具有重要意義。二〇一六年塔什干峰會的宣言中，成員國重申支持絲綢之路經濟帶的倡議，並承諾繼續就落實這一倡議開展工作，將其作為創造有利條件推動區域經濟合作的手段之一。

今年，中國成功舉辦了「一帶一路」國際合作高峰論壇。因此，「一帶一路」因素在上合組織阿斯坦納峰會中的分量進一步提升。成員

國在峰會宣言中表示，歡迎「一帶一路」倡議，高度評價高峰論壇成果並願共同落實，支援各項國際、地區和國別倡議對接合作。

在推進地區國家「五通」方面，上合組織的作用不可或缺。在此過程中，「一帶一路」建設也為上合合作提供動力。

政策溝通有助提升各方互信、凝聚共識。設施聯通是上合國家經濟發展的重要基礎。各方正加快完善公路、鐵路、口岸、管道、通信線路、航線網絡建設，積極開展陸海聯運，努力打造現代化「立體絲綢之路」。貿易暢通則為各國經濟注入新鮮血液。中國倡議逐步建立區域經濟合作制度性安排，從商簽《上海合作組織貿易便利化協定》做起，並鼓勵中小企業合作，倡議成立經濟智庫聯盟和電子商務工商聯盟。資金融通是上合前進的重要保障。亞洲基礎設施投資銀行、絲路基金等都可參與上合組織專案融資。民心相通則成為上合合作可持續發展的動能。「一帶一路」倡議促進人員往來，拉近彼此間的距離。

習主席在講話中強調應鞏固團結協作。「上海精神」產生的強大凝聚力是上合組織發展的保證。「一帶一路」帶來的各領域、多層次合作則會成為上合各方的黏合劑。「一帶一路」與上合互動發展，構建平等相待、守望相助、休戚與共、安危共擔的命運共同體。

作者為中國國際問題研究院國際戰略研究所副所長
原刊於《人民日報海外版》（2017年6月13日第1版）

中新「一帶一路」協議的示範意義

蘇曉暉

　　中國國務院總理李克強訪問紐西蘭期間，兩國簽署了「一帶一路」合作協定。紐西蘭成為首個簽署此類協定的西方發達國家。

　　中新關係中創造「第一」並非偶然。在發達國家中，紐西蘭第一個同中國結束加入世貿雙邊談判，第一個承認中國完全市場經濟地位，第一個同中國簽署並實施雙邊自由貿易協定，第一個以創始成員國身份加入中國首倡的亞洲基礎設施投資銀行，第一個舉辦全國性「中文週」。可見，兩國關係一直走在中國與西方發達國家關係的前列。

　　中新均重視開放合作是「一帶一路」協議達成的重要基礎。當前世界經濟形勢面臨嚴峻考驗，貿易保護主義抬頭。世界貿易組織的資料顯示，二〇一五年十月中旬到二〇一六年五月中旬，二十國集團經濟體平均每月採取二十一項新的貿易限制措施。在經濟下行壓力下，反全球化呼聲高漲。在此背景下，中國和紐西蘭宣布啟動雙邊自貿協定升級談判。兩國之間存在貿易逆差，但雙方願意站在自由貿易的大格局上來看待這一問題。中新合作將向世界證明，解決貿易逆差最終應靠打開大門，關起門來只會造成更大的貿易不平衡。兩國以實際行動支持貿易和投資自由化，有助於鞏固經濟全球化信心。

　　紐西蘭認可中國經濟發展取得的成績。二〇一六年，中國經濟增長百分之六點七，是世界上增長最快的主要經濟體，對全球經濟增長的貢獻率超過百分之三十。中國改革開放深入推進。重要領域和關鍵環節改革取得突破性進展，供給側結構性改革初見成效。經濟發展的品質和效益明顯提高。中國發展穩中向好態勢明顯。

紐西蘭更看到中國提供公共產品的誠意和能力。作為負責任大國，中國積極開拓互利共贏的合作模式，「一帶一路」是中國貢獻給世界的公共產品。二〇一三年習近平主席提出「一帶一路」倡議後，曾有一些國家表現出疑惑甚至擔憂，國際輿論中也不乏歪曲的雜音。然而三年多來，中國堅持共商、共建、共享原則推動「一帶一路」建設，贏得了越來越多國家的理解和支持，推動「一帶一路」落地生根。

在中新協議達成之前，中國同五十六個國家和區域合作組織發表了對接「一帶一路」倡議的共同文件，同十一個沿線國簽署自貿區協定，與五十六個沿線國簽署雙邊投資協定。截至二〇一六年六月，中國國企在二十六個「一帶一路」沿線國承建大型交通基礎設施項目三十八項；中國對「一帶一路」沿線國家的投資累計達五百一十一億美元，在十八個沿線國建設了五十二個經貿合作區，累計完成投資一百五十六億美元。今年五月，中國將舉辦「一帶一路」國際合作高峰論壇，「一帶一路」將迎來新起點。

今年是中新建交四十五週年。在這一歷史節點上，兩國簽署「一帶一路」合作協議，是對以往雙邊關係強勁有力發展的經驗總結，也將開啟兩國合作新的前景。

作者為中國國際問題研究院國際戰略研究所副所長
原刊於《人民日報海外版》（2017年3月28日第1版）

「一帶一路」成中菲合作新機遇

蘇曉暉

　　近期，第三十屆東盟峰會在菲律賓舉行。菲總統杜特爾特在峰會後的記者會上確認，將於五月前往北京出席「一帶一路」國際合作高峰論壇，他還對「一帶一路」倡議做出了積極評價。

　　中菲得以探討「一帶一路」合作的基礎是兩國正在有效管控分歧。阿基諾三世政府時期，菲方不斷挑動南海爭議，嚴重損害雙邊關係。杜特爾特就任總統後，對華釋放善意。兩國達成重要共識，一致認為應聚焦合作，擱置爭議，共同推動南海問題重新回到雙邊談判協商解決的軌道。

　　菲方多次明確不會把所謂「南海仲裁案」裁決作為東盟會議討論議題，強調正與中方進行雙邊接觸，沒必要在東盟層面提及爭議問題。此次東盟峰會的主席聲明在涉及南海的問題上表述克制，並表明東盟與中國正就海上問題進行良性互動。很明顯，擔任東盟輪值主席國的菲律賓不但不願讓南海問題干擾中菲合作大局，更試圖避免這一問題綁架東盟。在中菲關係向好的背景下，「一帶一路」倡議引起菲律賓的關注是必然的。

　　首先，菲認可中國發展成就，希望學習中國發展經驗。中共十八大以來，中國對內推動深層次改革和經濟轉型，對外堅持開放合作理念，在全球治理方面發揮重要作用。杜特爾特總統將「一帶一路」倡議視為中國提出的經濟發展理論，主動研究，欲借相關合作搭乘中國經濟發展快車。

　　其次，菲贊同中國提出的合作理念。近年來，針對「一帶一路」的

惡意解讀頻現。然而，包括菲律賓在內的越來越多的國家逐漸對中國倡議有了瞭解和認同，認為中國在推動合作的過程中秉持共商、共建、共享原則，尊重國家間的差異，不干涉他國內政，實實在在地推動合作共贏。

最後，菲看重中國推動合作取得的成果。自習近平主席二〇一三年提出「一帶一路」倡議以來，倡議迅速落地生根。短短幾年時間，中國已與四十多個國家和國際組織就共建「一帶一路」簽署了合作協定。東盟國家對「一帶一路」倡議頗為重視，除杜特爾特總統外，印尼總統佐科、老撾國家主席本揚、越南國家主席陳大光、柬埔寨首相洪森、馬來西亞總理納吉布、緬甸國務資政翁山蘇姬等也將參加「一帶一路」國際合作高峰論壇。菲總統聚焦國內基礎設施建設，已在今年四月推出大規模基礎設施投資計畫。截至二〇一六年六月，中國國企在二十六個「一帶一路」沿線國承建大型交通基礎設施項目38項。不少菲方人士認為，中菲在基建等領域有巨大的合作潛力。

受南海爭議干擾，中菲一度錯失合作良機。在兩國關係實現轉圜之際，圍繞「一帶一路」的合作機不可失，失不再來。盼望菲方抓住機遇，讓「一帶一路」成為中菲合作新亮點。

作者為中國國際問題研究院國際戰略研究所副所長
原刊於《人民日報海外版》（2017年5月1日第1版）

「一帶一路」正重塑世界經濟地理

胡鞍鋼　張　新

　　一九五六年，毛澤東曾說過，中國應當對於人類有較大的貢獻。而這種貢獻，在過去一個長時期內，則是太少了。這使我們感到慚愧。如今，中國已經能夠也應當為人類作出重大貢獻。五月十四日在北京召開的「一帶一路」國際合作高峰論壇，將成為中國外交史上具有里程碑意義的事件，成為中國引領世界發展的亮色。

　　如何看待這次高峰論壇召開的重大意義？

　　第一，「中國方案」將引領國際合作。「一帶一路」是中國首倡的國際合作倡議，此次論壇更是「一帶一路」倡議提出以來，中國就此主辦的規格最高的國際會議。論壇將為世界經濟衝破低迷困境、扭轉「反全球化」逆潮提供更強大的正能量。

　　第二，「中國方案」將成為影響範圍極廣、程度極深的國家間合作計劃。「一帶一路」倡議從提出伊始就明確表示，既面向所有發達國家和發展中國家，也向所有域內和域外國家開放。此次論壇期間，各方將進一步總結三年多的成果經驗，匯聚更大智慧、凝聚更多共識，吸引更多夥伴一道共襄盛舉。

　　第三，「中國方案」將從地區性合作升級為國際性合作。此次論壇已有一百一十個國家的官員、學者、企業家及金融界、媒體等各界人士確認參加，總數達到一千兩百多人，涵蓋歐、亞、北美、拉美、非洲等地區。「一帶一路」倡議超越了傳統的地域限制，為世界大多數國家所認可，成為真正的全球化合作平臺。

　　經過三年多發展，「一帶一路」已經從理論構想變為創新實踐，進

入全面推進務實合作的新階段。此次論壇將有哪些看點值得期待？

其一，達成合作協定數量更多、層次更高。目前，中方已與四十多個國家和國際組織就共建「一帶一路」簽署了合作協定，此次論壇期間這一成果有望擴大一倍，再與近二十個國家和二十多個國際組織商簽合作檔。同時，此次論壇將推動參與各方深入對接政策舉措，協商確定下一階段重點合作領域，構建戰略對接、規劃對接、政策對接的高層次合作平臺，帶動提升地區整體發展水準。

其二，推動「一帶一路」工作的落實更加務實高效。此次論壇的召開，將形成未來數年內「一帶一路」的整體合作規劃和行動方案，有望形成類似G20的工作機制，為實質行動奠定基礎。論壇期間，各方將進一步梳理對接重點合作專案，制定合作專案清單，確保專案落地，進一步強化「一帶一路」框架內雙邊、多邊合作機制的帶動作用。

其三，此次論壇召開，將推動世界經濟互聯互通邁出堅實一步。「一帶一路」的本質，是一場規模宏大的、極其深刻的、相互關聯的重塑世界經濟地理革命，其關鍵是實現基礎設施的互聯互通。初步預計，此次論壇上，中方有關部門將與沿線國家對口部門共同制訂近二十項行動計畫，涉及基礎設施、能源資源、產能合作、貿易投資等多個領域。這將進一步重塑「一帶一路」經濟地理，實現歐亞非大陸一體化和共同發展，最終重塑世界經濟地理，推動全球基礎設施現代化，提高全球經濟增長，實現全球一體化。

此次論壇召開，不僅將推動「一帶一路」建設進入新的發展階段，也昭示著中國將以更加自信的姿態當好經濟全球化的宣導者、推動者和引領者。

作者分別為清華大學國情研究院院長、助理研究員
原刊於《人民日報海外版》（2017年5月2日第1版）

「一帶一路」，越走越寬

王義桅

世上本沒有路，走的人多了，也就成了路。三年多來，「一帶一路」建設從無到有、由點及面，進度和成果超出預期，漸成中國的三個抓手：一是中國夢的抓手。「一帶一路」不僅利於實現中華民族偉大復興的中國夢，而且融通中國夢與沿線各國夢，成就人類共同繁榮與持久和平的世界夢。二是中國拓展國際影響力的抓手。通過「一帶一路」，中國積極提升制度性國際話語權。三是全球化、全球治理的抓手。通過「一帶一路」，中國成為包容性全球化的旗手。

「要致富，先修路；要快富，修高速；要閃富，通網路」，這成為中國脫貧致富經驗的鮮明總結。「一帶一路」讓世界分享中國發展經驗，讓中國拓展發展空間。「一帶一路」的核心是互聯互通。習近平主席指出，如果將「一帶一路」比喻為亞洲騰飛的兩隻翅膀，那麼互聯互通就是兩隻翅膀的血脈經絡。中醫說，痛則不通，通則不痛。當今世界和平與發展的制約因素，多由不通造成。世界是通的，是我們的理念。「一帶一路」的要旨就是鼓勵各國走符合自身國情的發展道路——中國崛起之前，這被認為是走不通的。我們相信，沒有比腳更長的路，沒有比人更高的山。獨行快，眾行遠。

歐洲著名智庫布呂格爾（Bruegel）研究所所長沃爾夫認為，「一帶一路」的影響和意義早已不限於歐亞大陸，不限於沿線國家，而具有劃時代的全球意義。二〇一七年，中國將舉辦「一帶一路」國際合作高峰論壇，事關四個「R」：Global Recovery（全球經濟復甦）、Global Rebalance（全球經濟再平衡）、Global Renovation（全球創新）、Global

Reconnected（全球互聯互通）。舉辦高峰論壇，一是使「一帶一路」形成好勢頭，激勵更多國家跟上趟；二是通過多邊協商，推動「一帶一路」機制化建設；三是全面對接聯合國和平與發展各項目標，尤其是二○三○年可持續發展目標和巴黎氣候變化協定，彰顯人類共同意志，推動建設綠色絲綢之路、健康絲綢之路、智力絲綢之路、和平絲綢之路，打造人類命運共同體。

不謀全域者，不足謀一隅；不謀萬世者，不足謀一時。「一帶一路」建設是百年大計。絲綢之路復興，是百年夢想。一八七七年德國人李希霍芬提出「絲綢之路」的概念。其後，他的學生、瑞典人斯文・赫定一九三六年出版《絲綢之路》一書，使得「絲綢之路」概念流行開來。書中寫道：「可以毫不誇張地說，這條交通幹線（絲綢之路）是穿越整個舊世界的最長的路。從文化─歷史的觀點看，這是聯結地球上存在過的各民族和各大陸的最重要的紐帶……中國政府如能使絲綢之路重新復甦，並使用現代交通手段，必將對人類有所貢獻，同時也為自己樹起一座豐碑。」

「登泰山而小天下。」習近平主席給中國和世界指出了通過「一帶一路」建設人類命運共同體的美好願景，得到了國際社會廣泛回應。二○一六年五月在北京舉辦的中歐政黨高層論壇上，拉脫維亞拉中友好協會主席波塔普金感慨，「歷史上從未見過如此宏大的合作倡議，超過我們歐洲人想像力。歐洲人千萬不要浪費中國的美好意願啊！」捷克副眾議長菲利普預言，「『一帶一路』可成為人類最偉大倡議之一！」

建設「一帶一路」，是二十一世紀新的長征路，仍然需要革命家的豪邁氣魄。毛澤東有詞：「多少事，從來急；天地轉，光陰迫。一萬年太久，只爭朝夕。」二○一七年，「一帶一路」必將加速延伸，越走越寬！

作者為中國人民大學重陽金融研究院高級研究員

原刊於《人民日報海外》（2017年1月3日第1版）

「一帶一路」高峰論壇值得世界期待

王義桅

一月十七日，中國國家主席習近平在達沃斯出席世界經濟論壇二〇一七年年會開幕式並發表主旨演講時宣布，今年五月，中國將在北京主辦「一帶一路」國際合作高峰論壇，共商合作大計，共建合作平臺，共享合作成果，為解決當前世界和區域經濟面臨的問題尋找方案，為實現聯動式發展注入新能量，讓「一帶一路」建設更好造福各國人民。

「一帶一路」順應時勢，提出三年多來引起國際社會廣泛回應。舉辦「一帶一路」國際合作高峰論壇，可謂水到渠成，承載著國際社會諸多重托。而高峰論壇的舉辦，也將對「一帶一路」建設產生深遠影響。

一是利於進一步梳理「一帶一路」建設成果，規劃未來。「一帶一路」有效回應國際社會對「中國崛起之後想幹什麼」的關切。針對逆全球化勢頭，「一帶一路」國際合作高峰論壇將體現中國的時代擔當，引領全球化朝著包容普惠方向發展，唱響共商、共建、共享全球治理主旋律。高峰論壇將進一步凝聚共識，有利於增強國際社會對共建「一帶一路」及全球化本身的信心。

二是利於通過多邊協商，推動「一帶一路」機制化建設。「獨行快，眾行遠。」為了「一帶一路」長遠大計，各國需要構建「一帶一路」互利合作網路，共創「一帶一路」新型合作模式，打造「一帶一路」多元合作平臺，推進「一帶一路」重點領域專案。正如「歐洲之父」讓・莫內所說：「沒有人，一切皆無可能，但是沒有體制，一切不可持續。」

「一帶一路」建設是百年大計，完善的體制、機制化建設才能確保其可持續發展。舉辦高峰論壇，利於「一帶一路」沿線在規劃對接、戰略對接、標準對接基礎上，更好實現智慧對接、輿論對接、行動對接，從雙邊為主、多邊為輔到多邊與機制化建設並行的新階段，將充分體現「一帶一路」建設順應國際社會普遍需求，公開、透明、開放、包容，按照國際規則辦事。

三是利於全面對接聯合國和平與發展各項目標，尤其是二〇三〇年可持續發展目標和巴黎氣候變化協定，彰顯人類共同意志，建設綠色絲綢之路、健康絲綢之路、智力絲綢之路、和平絲綢之路，打造人類命運共同體。中國已同聯合國開發計畫署、世界衛生組織簽署共建「一帶一路」合作備忘錄。二〇一六年十一月十七日，第七十一屆聯合國大會協商一致通過的關於阿富汗問題第A/71/9號決議，明確歡迎「一帶一路」重要倡議，敦促各國通過參與「一帶一路」，促進阿富汗及地區經濟發展，呼籲國際社會為開展「一帶一路」建設提供安全保障環境。

舉辦高峰論壇不只是促機制，也有利於抓落實。高峰論壇必將促進聯合國二〇三〇年可持續發展目標的落實、巴黎氣候變化協定的落實、G20杭州峰會成果的落實，並可有效回應各種質疑和關切。

「一帶一路」源於中國而屬於世界。「一帶一路」國際合作高峰論壇的舉辦，值得世界期待！

作者為中國人民大學重陽金融研究院高級研究員

原刊於《人民日報海外版》（2017年1月19日第1版）

期待「一帶一路」論壇綻放北京

王　文

　　四月十八日，外交部就「一帶一路」國際合作高峰論壇舉行中外媒體吹風會。除二十八個國家元首和政府首腦以外，共有來自一百一十個國家的官員、學者、企業家、金融機構、媒體等各界人士，來自六十一個國際組織的八十九名負責人和代表確認出席論壇。高峰論壇與會代表總人數將達一千兩百多人。本次論壇不僅將推動「一帶一路」建設邁上新臺階，也將開創聚焦務實合作的國際峰會新範式、開闢國際合作新局面。

　　自習近平主席宣布，中國將主辦「一帶一路」國際合作高峰論壇，峰會籌備一直處在「一票難求」狀態。近幾個月來，筆者接連到歐洲、非洲和美洲數國參加多輪高級別研討會，經常遇到對方問詢「一帶一路」國際合作高峰論壇報名參會細節。

　　就規模而言，本次高峰論壇的規模，在國際會議史上也是罕見的。更重要的是，高峰論壇不是務虛會，不是空談館，而是旨在打造高效的國際合作平臺，希望在戰略對接、互聯互通、經貿、投融資、民心和智庫等方面，扎實探討合作方向，尋求落實的可行路徑。

　　對世界發展而言，高峰論壇將確立一種新型的全球治理方案探討模式。峰會參會代表遍及全球各大洲，參會領導人以歐亞大陸為主，涵蓋世界各個區域的重要國家，且以發展中國家為主。這使得峰會更聚焦在新興經濟體、後發國家真正關切的議題上，針對困擾發展中國家的真正痛點。「一帶一路」倡議提供的合作共識、經驗總結，將使「富國仍是富國，窮國仍是窮國」的國際發展消極狀態，找到得以扭轉的契機。

對跨國關係而言，高峰論壇將創造一種新型的國家互動共贏合作模式。建立在西方國際關係理論之上的跨國關係，往往呈現零和博弈，或者大國霸權主導的規律。而高峰論壇則宣導共建、共商、共享的合作模式：不追求獨贏，而講求多贏；不推行一強獨霸主導，而是友好多邊協商；不好高騖遠，設立遙不可及的目標，而是腳踏實地將政治共識轉化為具體專案的行動力。

　　對大國貢獻而言，高峰論壇將開闢一種新型的大國崛起責任模式。高峰論壇有別於中國曾主辦過的G20、APEC等國際輪值峰會，這是中國有史以來第一次自主召集、自設議題、在國內召開的全球性會議。它代表著一個崛起大國向世界做貢獻的心願。中國將通過辦一場真正有意義的全球論壇，分享發展經驗，將相對充裕的本國資金、產能、基建與他國需求對接，通過協商互助，凝聚合作共識。中國在「一帶一路」上的善意、真誠與奉獻，將使西方教科書中的國際關係理論中「大國興衰」相關章節的邏輯重寫。

　　北京的五月中旬，是最迷人的季節，彌漫著初夏微風與鮮花的清香。相信來自全球的精英代表，會在此次「一帶一路」國際合作高峰論壇中，找到自己期待的答案，書寫世界歷史的新篇章。

作者為中國人民大學重陽金融研究院執行院長、教授
原刊於《人民日報海外版》（2017年4月20日第1版）

「一帶一路」論壇的節點意義

沈丁立

　　「一帶一路」倡議問世不到四年，卻早已成為國際合作重大熱點，成為中國造福世界的重大公共產品。即將在北京舉行的「一帶一路」國際合作高峰論壇，將回顧「一帶一路」建設早期收穫，探討國際合作機制建設，規劃未來的實施路徑，具有多重節點意義。

　　意義之一，就「一帶一路」倡議而言，論壇本身即為一個歷史節點。過去三年多，「一帶一路」倡議在世界多國生根發芽。本次論壇將承上啟下，回顧過去，展望未來，重點打造四方面成果：一是凝聚更多共識，二是明確合作方向，三是推動專案落地，四是完善支撐體系。本次論壇將開闢「一帶一路」國際合作新局面，推動「一帶一路」建設邁上新臺階。

　　意義之二，對解決時代難題而言，論壇是中國展現大國擔當的閃光點。當前世界經濟復甦基礎不牢固，新的增長動力不穩固。各國之間、各次區域之間基礎設施建設和互聯互通亟待升級。而這次論壇，各國將共同搭建合作新平臺，開闢增長新動力，探索發展新路徑。承擔東道主角色的中國，已經走到國際舞臺的高光地帶。近年來，在為全球發展提供公共產品方面，中國逐步邁入國際舞臺的核心區域。

　　意義之三，對全球合作而言，論壇蘊涵的理念是人類價值的匯合點。環顧寰宇，人類文明精彩紛呈，各有千秋。「一帶一路」國際合作高峰論壇，以開放包容、合作共贏理念為引領，推動構建更加公正、合理和均衡的全球治理體系。這利於各種價值理念充分交流，世界多元文明交流互鑒。「一帶一路」建設正從多方面為人類價值造福，一方面利

於在較短時間內大幅改善地緣經濟關係，進而為全球地緣政治關係的改善做出積極貢獻，另一方面利於國際社會儘快實現共同發展，加速推進協同進步。

意義之四，對中國的主場外交而言，本次高峰論壇將是一個啟程點。「一帶一路」倡議由中國提出。在北京舉行「一帶一路」國際合作高峰論壇，充分體現了中國對這一創舉的引領與持續推動。中方將充分發揮主場外交的優勢，保障高層交流的暢通，為深化互通互聯合作夯實基礎。按計劃，中方有望再與近二十個國家和二十多個國際組織商簽合作文件，中方各有關部門將與沿線國家對口部門共同制訂近二十項行動計畫。中國將以本次論壇為契機，打造一個更加開放和高效的國際合作平臺。

當前，「一帶一路」建設取得一批重要早期收穫成果。以交通方面為例，中國已與「一帶一路」沿線國家簽署了一百三十多個涉及鐵路、公路、海運、航空和郵政的雙邊和區域運輸協定。如果說「一帶一路」倡議是劃時代的人類進步計畫，那即將舉行的「一帶一路」國際合作高峰論壇，則是新世紀全球合作的歷史性節點。

作者為復旦大學國際問題研究院副院長、教授
原刊於《人民日報海外版》（2017年4月22日第1版）

讓「中國節奏」引領世界

賈晉京

五月中旬，「一帶一路」國際合作高峰論壇將在北京舉行。這是繼二〇一四年亞太經合組織（APEC）北京峰會、二〇一六年二十國集團（G20）杭州峰會之後，中國又一次重大的主場外交盛會。從APEC關注區域經濟一體化，到G20升級全球治理，再到「一帶一路」引領全球共贏發展，三場盛會就像三個臺階，展示出中國在全球格局中的話語權梯次上升。

全球經濟發展需要國際合作機制來引領，區域經貿安排、區域集團化以及布雷頓森林體系、G20等國際合作機制，都曾為全球經濟的前進方向提供指引。而在當前，全球經濟出現了許多新的變化，新興市場與發展中國家占比快速上升，亞歐大陸成為全球生產與消費主要動力源，以新的理念與方式建設國際合作機制，已成為全球發展的迫切需求。中國在全球格局中的話語權梯次上升，正是對這種迫切需求的響應。

二〇一四年APEC北京峰會，讓「中國夢想」對接世界。經過多年快速發展，亞太地區已成為世界上最具活力的地區。而在二〇一四年邁入「十萬億美元經濟體」行列的中國則是這一地區最具活力的市場。中國主辦二〇一四年APEC北京峰會的意義，正是讓「中國夢想」對接「亞太夢想」，實現共同發展。而二〇一四年APEC北京峰會成果《北京綱領》則提出了亞太自貿區與基礎設施互聯互通的藍圖。今天看來，讓「中國夢想」對接「亞太夢想」，正是中國從為世界作出經濟貢獻躍升到為世界作出議程貢獻的一個臺階。

二〇一六年G20杭州峰會，讓「中國方案」推動世界。二〇一六

年，當G20峰會來到中國時，世界正面對經濟復甦乏力、深層次矛盾突顯、新的結構性問題不斷湧現的複雜局面，全球經濟與全球治理又到了一個轉捩點，如何有效協調各國的政策、找到新的增長動力，世界的目光都在看中國。對世界經濟來說，杭州峰會是新舊動能轉換的節點。而中國通過凝煉在「創新、活力、聯動、包容」八個字中的一系列「中國方案」，推動了全球治理從穩增長到促發展的轉型、G20機制從危機應對到長效治理。對中國來說，G20杭州峰會使中國邁上了為全球治理提供推動性方案的新臺階。

而二○一七年的「一帶一路」國際合作高峰論壇，將讓「中國節奏」引領世界。「一帶一路」倡議的提出，改變了全球經濟合作的方式，通過將「政策溝通、設施聯通、貿易暢通、資金融通、民心相通」納入同一個倡議體系之下，變傳統的基於貨物貿易進行雙邊往來的方式為全方位深度合作。由於「一帶一路」倡議順應時代發展所需，變傳統的「由面到點」國際經貿框架為「由點到面」的合作，提出以來受到廣泛歡迎，進展超出預期，成為當今時代國際經濟合作的新範式。「一帶一路」國際合作高峰論壇的召開，將把「一帶一路」這個巨大的包容性發展平臺立體展示給世界。這是中國自主設置議題、自主邀請、自主推進的一次盛會，將引領世界奏響共同發展的交響樂。

作者為中國人民大學重陽金融研究院首席研究員
原刊於《人民日報海外版》（2017年5月3日第1版）

當「一帶一路」遇上「青年」

柯　聞

　　五月四日是中國的青年節。十天後，「一帶一路」國際合作高峰論壇將在北京開幕。「一帶一路」倡議提出三年多來，成效斐然。和「青年」一樣，這個倡議充滿生機和活力。當「一帶一路」遇上「青年」，遇上世界各國「青年」，會碰撞出什麼樣的火花？

　　就在十天前，「一帶一路」青年創意與遺產論壇落下帷幕，來自六十五個沿線國家的八十餘位青年代表，在中國度過了忙碌、充實、美好、難忘的一週時光。能組織到多達六十五個國家的青年，顯然是「一帶一路」開放包容的吸引力，是「創意」「遺產」的吸引力，也是青年之間的吸引力。

　　習近平主席指出，青年最富有朝氣，最富有夢想，是未來的領導者和建設者。他首次在國際場合提出共建「絲綢之路經濟帶」的倡議，就是二〇一三年在哈薩克面對納扎爾巴耶夫大學青年學生的演講中。國之交在於民相親，而「民相親」要從青年做起。正是基於這種認識，近幾年，中國與聯合國教科文組織致力於在弘揚絲路精神、加強青年對話方面開展合作。本次「一帶一路」青年創意與遺產論壇就是雙方合作的又一成功實踐。這也是一場青年策劃、青年組織、青年參與、青年受益的活動。筆者有幸作為親歷者參與全程，見證了「民相親」在青年人中的生根發芽。

　　亞美尼亞和亞塞拜然位於亞洲和歐洲交界處的外高加索地區，由於領土爭端，多年來兩國大大小小衝突不斷，公民不能前往對方國家，兩國在國際場合也互相「敬而遠之」。湘江夜遊時，筆者從人群中找到了

來自亞美尼亞的梅莉和來自亞塞拜然的法希爾，邀請他們一起聊天。在瞭解對方身份後的最初幾十秒，二人稍顯尷尬，但談起論壇期間的嶽麓書院開幕式和制陶體驗，他們很快就滔滔不絕，最後甚至坦然談及兩國關係面臨的窘境，對兩國毗鄰卻無法互訪表示遺憾，並一起欣賞和讚歎美妙絕倫的瀏陽花炮。論壇結束時，他們分別發來信息，感謝筆者「創造」的那次聊天機會，感慨這是他們此行最意外的收穫。

來自以色列的瑪莎娃目前就讀於華東師範大學，論壇期間與來自中東其他國家的青年代表打成一片，交流後才得知，她是以色列的阿拉伯人。她告訴筆者，既為自己的國家感到自豪，也為她的民族感到驕傲。以色列百分之二十的人口是阿拉伯人，只要彼此敞開心扉，阿以兩個民族完全可以和平相處。來自阿曼的靦腆小夥阿卜杜，安靜地用相機記錄其他代表的靚影，卻毫不推辭地秀了一手書法，用漂亮的蘇魯斯體寫下了「一帶一路」對應的阿拉伯文字……每位青年都有自己的故事，都在講述自己國家的故事，暢談自己國家與中國的友好，暢想「一帶一路」國際合作的美好未來。

二〇一五年十月，習近平主席向聯合國教科文組織第九屆青年論壇致賀詞時指出，世界的未來屬於年輕一代。全球青年有理想、有擔當，人類就有希望，推進人類和平與發展的崇高事業就有源源不斷的強大力量。

各國青年用欣賞、互鑒、共享的觀點看待世界，推動不同文明交流互鑒、和諧共生，是一件有意思、有意義、有意蘊的事。而這種互動，在「一帶一路」上正變得越來越多。

作者為國際問題觀察員

原刊於《人民日報海外版》（2017年5月4日第1版）

「一帶一路」何以一呼百應？

劉　英

　　國際金融危機以來，貿易保護主義、孤立主義、恐怖主義抬頭，世界經濟復甦乏力現象沒有根本改觀。在這一背景下，中國國家主席習近平二〇一三年提出「一帶一路」倡議，舉世矚目。共商、共建、共享原則貫穿於「一帶一路」建設始終，具體來說就是：各國在共商中共建，在共建中共享，所有參與國家成為利益共同體、責任共同體和命運共同體。

　　首先，共商發展藍圖。中國與不少國家發展理念相通，發展目標相近，發展路徑相合。因此，「一帶一路」提出以來幾乎是一呼百應，得到了一百多個國家和國際組織的積極回應和支援，更多國家希望利用中國成功的建設經驗和強大發展動力，帶動本國實現經濟發展藍圖。

　　其次，共建互聯互通。基礎設施建設與互聯互通是「一帶一路」建設的優先領域。「一帶一路」通過基礎設施建設等促進沿線各國經濟增長。隨著「一帶一路」建設提速，雅萬高鐵、匈塞鐵路等項目正在加快建設。目前中歐之間已開行三千七百多趟中歐班列，從中國西安等二十五個城市開往歐洲十一個國家。中國與沿線國家簽署了一百三十多個運輸協定，通過七十三個口岸開通了三百五十六條國際運輸線路，與四十三個國家空中直航，每週四千兩百個航班。

　　最後，共享發展機遇和成果。中國通過與「一帶一路」沿線國家建設經貿合作區等方式，帶動沿線國家全產業鏈發展，提升了它們在全球價值鏈中的地位，展現了「一帶一路」沿線國家共同開發、共同建設、共享發展的景象。

以哈薩克為例，該國二〇一四年就提出「光明之路」計畫與「一帶一路」倡議的對接合作。今年是中哈建交二十五週年，哈方正在迎接「一帶一路」共商共建共享成果。

哈薩克「光明之路」計畫旨在通過大力投資建設有效的網狀基礎設施，進而形成統一大市場，來促進經濟長期增長。這與「一帶一路」不謀而合。新亞歐大陸橋經濟走廊將連雲港作為出海口，有利於把哈薩克農產品出口到東亞和東南亞。「一帶一路」交通走廊建設，利於通過公路、鐵路、網路及地下管網的連通惠及沿線國家所有人。

作為中西合璧的連接走廊，新亞歐大陸橋經濟走廊直接促進沿線國家的貿易自由化、便利化及貿易方式的多樣化。這解決了全球最大內陸國哈薩克斯坦的互聯互通及經濟發展問題，進而促進「一帶一路」沿線國家經濟發展，共享建設成果。

為建設基礎設施、增加就業、促進經濟增長，沿線國家提出了鋼鐵、水泥、機械及汽車等國際產能合作專案。為解決基建及工業化所需大量資金，中國專門設立了四百億美元的絲路基金，並合作成立各種建設基金來推進專案落地和建設完成，早日造福沿線各國人民。中哈二十億美元產能合作基金正推進五十二個專案總額二百四十一億美元的建設專案，這些產能合作為促進沿線國家經濟發展奠定了重要基礎。

共商、共建、共享，為「一帶一路」注入了空前的活力，必將促進沿線各國經濟發展。可以預期，隨著「一帶一路」建設的深入推進，合作碩果將遍布沿線，回應者將遍布全球。

作者為中國人民大學重陽金融研究院研究員
原刊於《人民日報海外版》（2017年5月5日第1版）

任何人不要幻想
讓中國吞下損害自身利益的苦果

對於貿易戰，中國不想打、不怕打

張超

　　美國時間三月二十二日，美國總統特朗普在白宮簽署對中國輸美產品徵收關稅的總統備忘錄。對美國突然單邊宣布「301調查」結論，中國頗感失望。這件事一則不利於中國人民的利益，二則不利於美國人民的利益，三則不利於全世界人民的利益。對此，中國堅決反對。

　　對於貿易戰，中國不想打，但也不怕打。中國有信心、有能力應對任何挑戰。中國希望美國保持理性和克制。打中美貿易戰，美國要負歷史責任。實際上，一旦打響貿易戰，受損最多的，不是中國，而是美國。

　　首先，一旦打響貿易戰，受損最多的是美國跨國企業。美國的蘋果、波音、英特爾和其他跨國公司，每年從中國市場攫取巨額收益。一旦發生貿易戰，必然損害其全球利益。例如，蘋果公司僅二〇一七年四季度就從中國市場獲得了一百八十億美元收入，占其總收入百分之二十；波音公司二〇一七年在中國市場銷售額近一百二十億美元，占其總銷售額近百分之十三；晶片巨頭英特爾以及高通、德州儀器、美光科技等公司都在中國擁有龐大業務，與中國公司的合作令其不斷拓展全球市場。雖然特朗普以保護美國工人利益為藉口，但很多美國公司勢必將會因為貿易戰而遭受巨大損失。

　　其次，貿易戰大棒，不僅將落在美國跨國公司頭上，美國民眾也無法倖免。二〇一七年牛津經濟研究中心資料指出，購買中國產品幫助每個美國家庭每年平均節省八百五十美元。另一方面，在全球化的今天，美國就業市場高度依賴中國。中國是美國大豆、飛機的第一大出口市場，也是美國汽車、積體電路、棉花的第二大出口市場。中國現在是美國三十三個州的前三大貨物出口市場，十三個州的前五大市場。在過去

十年，雖然美國出口增速只有百分之四，但對中國出口增速達百分之十一。如果美國主動挑起貿易戰，限制中國商品與投資，那麼美國五百三十五個選區中的四百二十五個選區因吸納了中國投資，在利益受損後或將用選票表達意見。

再次，一旦發生貿易戰，必將危及美國脆弱的經濟復甦。美國經濟二〇一七年持續復甦，但剔除能源產業後實際GDP增速僅為百分之一。貿易戰爆發將危及美國經濟復甦進程，阻斷特朗普所謂的「美國再偉大」計畫。更重要的是，美國次貸危機後經濟復甦很大程度上依賴金融市場繁榮，而一旦貿易戰打響，其對上市企業和經濟增長預期的打擊，必將導致美國股指和高收益債券價格下跌，進而誘發連鎖反應，觸發風險資產的崩盤，暴露美國金融市場的系統性風險。截至三月二十二日收盤，美股三大股指集體大跌便是證明，其中道指跌逾七百點，標準普爾五百指數和納斯達克指數更是創二月八日以來最大單日跌幅。而這僅僅是開始，隨著美國的「任性」與「自負」，金融市場會用「腳」給出答案。

最後，中國不會是貿易戰最大輸家，也絕不會是唯一輸家。如果美國發動貿易戰指向中國，這種單邊行動，必將打破現行國際貿易規則，在世界範圍內引發恐慌與混亂。德國專家直言不諱，美國破壞了自由主義和世界貿易體系，雖然美國現在打擊中國，但下一個可能是德國，因為德國也是對美順差大國。國際貨幣基金組織總裁拉加德也警告，貿易戰無贏家，若美國加稅引發別國報復，全球宏觀經濟將受到嚴重衝擊。

在國際上，中國一直宣導互通互融，用交流、談判解決爭端，無意於打貿易戰，但也絕不會接受無端的攻擊與責難，更不會懼怕貿易戰。該來的總會來。如果美國冒天下之大不韙，執意要打貿易戰，中國將奉陪到底，看誰挺得更持久。

作者為國際經貿問題專家

原刊於《人民日報海外版》（2018年3月24日第1版）

阻止中國技術進步，那是徒勞

王義桅

近期，美國宣布對進口鋼鐵和鋁產品徵收高關稅，並公布對華301調查結果，威脅要對「中國製造2025」中涉及的許多行業徵收高額進口稅，這讓世界陷入貿易戰的緊張氣氛中。

原來，美國在意的不僅是對華貿易逆差，還有中國技術進步的勢頭。前不久，就有美國前政要發表演講，聲稱中國對美國的核心技術發起全方位挑戰，並將矛頭直指「中國製造2025」、5G等領域。

美國確實感受到來自於「中國製造2025」的挑戰。美國一些人認為中國偷了美國的技術，並不是靠自己的力量發展起來的。因而，美國欲通過提高關稅阻礙中國核心技術進步的步伐，從而維持核心技術的壟斷權。儘管中國政府一再強調，「中國製造2025」是開放的，對內外資企業一視同仁，歡迎美國參與，但美國要的是技術霸權、規則霸權，所以不能容忍中國的「挑戰」。

特朗普簽署行政備忘錄前，美國貿易代表萊特希澤在演講中指出，301調查主要針對科技領域。科技領域是各國未來集中競爭的領域，這個領域的核心技術和話語權、標準將涉及未來整個產業的競爭，甚至涉及新的國際標準的制定。中美之間在科技領域的競爭包括本國市場、核心技術和未來國際規則三個部分。

近年來，中國大力提升晶片和人工智慧等關鍵領域的自主研發能力，這是此次美國發起對華貿易戰的背景。中國的數位經濟規模超過美國，在人工智慧領域僅次於美國。美國要保持壟斷地位、確保新一輪新興產業的規則制定權，所以現在就以智慧財產權保護為由不讓中國進入

美國市場。美國擔心的不光是產品的問題，還有系統的問題，事關工業4.0的主導權。

美國以所謂對美國國家安全的威脅為由，從意識形態角度出發限制中國對美的出口，其實是擔心中國在新興產業上發起對美國的挑戰。因為一旦芯片的壟斷被中國打破，中國不僅會減少對美國晶片的進口，未來還有可能出口，擠壓美國市場。這些擔心都使得美國現在對中國的晶片看得很死。

企圖通過貿易戰破壞「中國製造2025」勢頭，阻止中國技術進步，這是特朗普的如意算盤。特朗普此舉也是服務於今年美國國內的中期選舉。

然而，特朗普的如意算盤，將犧牲美國消費者利益，也必遭中國反擊，可謂害人害己，最終也根本無法阻止中國技術進步，只會讓世人再次看清美國自私自利的本質。美國做法影響極其惡劣，不僅破壞國際貿易秩序，更破壞了後發國家追趕西方發達國家的步伐。

動輒把自身的問題歸咎於對方、在戰略判斷上犯下根本性錯誤，只會損人害己、搞亂世界。這種做法不得人心。

作者為中國人民大學重陽金融研究院高級研究員、
中國國際貿易促進會專家委員會委員
原刊於《人民日報海外版》（2018年3月28日第1版）

中國以行動警告美方放棄幻想

華益聲

當地時間四月三日，美國貿易代表辦公室依據「301調查」認定結果，公布了擬加徵關稅的中國商品清單。清單涉及約五百億美元中國對美出口，建議稅率為百分之二十五。

數小時內，中國迅速做出回應。商務部、外交部等部門對美行為表示強烈譴責和堅決反對。中方隨即公布對美國加徵關稅商品清單，將對原產於美國的大豆等農產品、汽車、化工品、飛機等進口商品對等採取加徵關稅措施，稅率為百分之二十五，涉及二〇一七年中國自美國進口金額約五百億美元。顯然，中國對美政策動向有預判、有預案。事實上，近期中國應對美挑起貿易摩擦頗有章法。

首先，中國堅持底線思維，在爭取最好的結果的同時準備應對最壞的局面。中方不挑起貿易戰，不願意打貿易戰，也不怕打貿易戰。中國一直強調，談判的大門是敞開的，願同美妥善處理問題。中國積極與美保持接觸。二月二十七日至三月三日，中共中央政治局委員、中央財經領導小組辦公室主任、中美全面經濟對話中方牽頭人劉鶴訪問美國，與美財政部長、貿易代表等官員就中美經貿合作進行了磋商。中國試圖與美國有效管控經貿領域的分歧。但中方的善意和努力絕不代表軟弱。中國明確表示，不怕貿易戰。如果有人執意要打，甚至打到家門口，中方會奉陪到底。

其次，中國保持客觀冷靜，對美方政策走向及其背後動因進行精準分析。美經貿政策單邊保護主義色彩濃重。「301調查」依據美國內法，當美認定自身貿易權利遭到「侵犯」時，就可採取行動消除「侵犯」。

在調查過程中，被調查對象如做出妥協，調查即中止，美不會再採取制裁措施。顯然，「301調查」是美國為謀取利益所使用的單邊主義貿易工具，意在脅迫他國。當前，美總統秉持「美國優先」原則，在經貿領域動輒漫天要價。此前不久，美推出對進口鋼鐵和鋁產品加徵關稅措施，引起國際社會激烈反彈。面對重重亂象，中國必須保護本國合法權益，也要維護國際貿易公正性，對美任意妄為不可縱容。

最後，中國始終以理服人，有理有利有節進行回擊。美貿易代表聲稱，對華加徵關稅的清單旨在最大化對中國出口商的打擊，並最小化對美國消費者的影響。中國迅速公布清單，以行動警告美方應放棄幻想，貿易戰只可能導致兩敗俱傷。但中國仍保持克制，以同等力度、同等規模進行反擊，講求對等，不擴大、不升級，既以此展現負責任大國擔當，也為對方改正錯誤留有餘地。中國還將依託國際貿易組織相關機制解決爭端，呼籲所有組織成員一道，堅決抵制美貿易保護主義行徑。

來而不往非禮也。美國錯判形勢，中方必然堅決回擊。搞保護主義，等於自我關閉通向中國的大門，必將自食苦果。

作者為國際問題專家
原刊於《人民日報海外版》（2018年4月5日第1版）

「紙老虎」從來嚇不倒中國

蘇曉暉

當地時間四月五日，美國總統要求貿易代表辦公室依據「301調查」，考慮對中國一千億美元出口商品徵收額外關稅。中國外交部和商務部迅速回應，重申在中美經貿問題上，中國不想打、但不怕打貿易戰。同時，中國保持強硬姿態，強調如果美方不顧中方和國際社會反對，堅持搞單邊主義和貿易保護主義行徑，中方將奉陪到底，必定予以堅決回擊，必定採取新的綜合應對措施，不惜付出任何代價，堅決捍衛國家和人民利益。

中方表態是基於對美政策動向的判斷。美拋出「對從中國進口的一千億美元商品加徵關稅」，看似來勢洶洶，實為倉促應對，色厲內荏。美國貿易代表辦公室推出五百億美元擬加徵關稅的中國商品清單後，中國在數小時內進行官方表態並公布反制措施。反制清單精準打擊，針對美農業、製造業等行業，加劇了美國國內對經濟發展和貿易環境的恐慌情緒。中方迅速而強硬的反應超出美預期，美政府面臨更為嚴峻的國內反彈。美國內輿論認為，今年將進行的中期選舉中，特朗普支持率會受到影響；美精英階層也紛紛指出，政府決策過分憑藉直覺而非全面、長遠考慮，擔心政策偏差正在損害本國利益。在「失分」的尷尬局面下，美提出繼續加碼，更多是挽回顏面，而非有備而來。

「紙老虎」從來都嚇不倒中國。中國不會犧牲合法利益來縱容美國。美方漫天要價也不可能達到目的。美方四月三日公布的擬加徵關稅的中國商品清單，涉及約五百億美元中國對美出口。特朗普在其社交媒體上表示，美中貿易逆差每年五千億美元，智慧財產權盜竊造成三千億

美元損失。然而事實是，美方始終在資料計算方面誇大逆差，刻意回避經貿合作的合理性，一味強調逆差損害美方利益，並以此為藉口揮舞貿易保護大棒。

貿易戰損人害己。美聲稱將最大化地打擊中國出口商，並最小化地影響美國消費者，這只能是癡人說夢。當前，美政府正一面挑起貿易爭端，一面急於安撫國內。美貿易代表聲明，在各項流程完成之前，沒有關稅會生效。特朗普的首席經濟顧問及其他政府官員試圖穩定國內的信心。顯然，搬起的石頭已經砸了自己的腳。

中國相信得道多助，相信新型國際關係才是國家間相處之道。相互尊重、公平正義、合作共贏是新型國際關係的要義，對國家間經貿關係發展同樣適用。中國將繼續堅持正確道路，擴大改革開放，維護多邊貿易體制，推動全球貿易投資自由化和便利化。美國自認為可以為所欲為，其實是逆時代潮流而動，最終只能導致自身被孤立。

作者為中國國際問題研究院國際戰略研究所副所長
原刊於《人民日報海外版》（2018年4月7日第1版）

日本別在南海興風作浪

蘇曉暉

近期，西方媒體熱炒日本將派自衛隊最大驅逐艦「出雲」號，前往南海及印度洋參加聯合訓練和軍演的消息。儘管日本官方尚未作出正式回應，但已有相關評論將此解讀為日本加大軍事介入南海的舉措，還有報導刻意突顯日本要借此次行動與南海聲索國加強互動。

近年來，日本已明顯加大對南海問題介入力度。日本多次對中國在南海開展正當行動妄加批評，包括指責中國填海造島和設施建設。日方官員公開力挺菲律賓阿基諾三世政府單方面提起的國際仲裁，並試圖迫使東盟國家贊同仲裁結果。日本緊隨美國立場，支持美所謂「航行自由」理念以及美派艦機闖入中國南海島礁附近海域和空域的行動。安倍政府強化對南海聲索國和東盟的投入，別有用心地與菲越等南海爭議方探討安全合作，承諾為菲提供裝備支持。日本更意圖實現南海問題國際化，在七國集團外長會和峰會、亞歐首腦會議等多邊平臺推動針對南海問題的討論。

日本在南海煽風點火，但在「軍事介入」南海問題上卻相對審慎。美曾力邀日本加入其在南海巡航行動。早在二〇一五年一月，美國第七艦隊司令羅伯特·湯瑪斯直言，為制衡中國在南海地區越來越強的海上力量，美國歡迎日本將空中巡邏的區域擴大至南海上空。二〇一五年三月，湯瑪斯又提議印度、日本、澳大利亞和美國在南海開展聯合巡航。然而，日方已明確表示，沒有派遣自衛隊與美在南海開展共同行動的規劃。

日本並非南海問題當事國，插手南海更多是為了一己私利。就南海

問題發聲是其在地區安全事務中「刷存在感」的重要方式。如果能夠借攪亂南海牽制中國，則可以配合其在東海與中國爭奪主權權益的目標。

美國新任國務卿首次訪日之際，日本傳出「出雲」號行動計畫，更有迎合美方需要之意。特朗普政府亞太戰略正在成型過程中，未來有望加大對亞太軍事投入，並要求包括日本在內的地區盟友承擔更多責任。日本希望展示其配合美政策走向的決心，由此鞏固並拉近同盟關係。

中國對日立場一貫且清晰。中國不反對日本正常途經南海，也不反對日本與地區國家的正常交往，但若日本別有用心損害中國主權權益、攪亂南海局勢，中國會堅決說不。中國希望日本尊重中國和東盟維護南海和平穩定的努力。日本煽風點火，中國和東盟都不會答應。中國還要提醒日本，鑑於日本在侵華戰爭期間有過侵占中國西沙群島和南沙群島的不光彩歷史，就更應該謹慎對待南海問題，中國不會允許歷史重演。另外，中美關係正良性發展，中美有能力在南海問題上避免誤判、管控分歧，日本不必自告奮勇為美充當「馬前卒」。識時務者為俊傑，日本別深陷迷局、執迷不悟。

作者為中國國際問題研究院國際戰略研究所副所長
原刊於《人民日報海外版》（2017年3月18日第1版）

南海不容攪局者破壞

賈秀東

日前，中國—東盟外長會成功通過《南海行為準則》框架檔。這對推動中國與東盟關係發展以及維護南海地區乃至整個亞太地區的和平穩定來說，都是大好事。

然而，美國、日本和澳大利亞外長發表聯合聲明，不點名地對中國橫加指責，對南海問題指手畫腳。這是給中國東盟合作和南海地區和平努力添堵，成為東亞系列外長會的鬧心事兒。

美日澳的所作所為是故技重演。在去年東亞合作系列外長會期間，美日澳便發布聯合聲明，炒作南海問題、渲染地區緊張。當時中國外長王毅就質問，如果你們三方真的希望南海穩定的話，就應支持中國和東盟落實好《南海各方行為宣言》，支援直接當事國通過對話協商解決爭議。現在，是檢驗你們是和平維護者還是攪局者的時候了。

一年過去了，這三個域外國家非但沒有收斂，反而變本加厲。美日澳在今年的聯合聲明中更加露骨地企圖干預南海問題和平解決進程，對外釋放消極信號。王毅今年再次質問道，是不是有些國家不願意看到南海局勢走向穩定？是不是南海局勢進一步穩定反而不符合這些國家的利益？

看來，這幾個域外國家是執意要做南海攪局者了，這似乎已經成為南海問題一種不正常的「常態」。人們不禁要問，美日澳究竟有何盤算？二○一○年，在東亞系列外長會的前身東盟地區論壇外長會上，美國代表團策劃炒作南海問題，把多年風平浪靜的南海攪起波瀾，為美國推動「亞太再平衡」戰略製造藉口。美國政府更迭並沒有改變其在南海

和亞太地區攪局漁利的戰略構想。安倍政府這幾年為推進右傾化外交安全戰略，主動配合美國，對涉華問題搞兩個「凡是」：凡是對中國外交戰略有利的事情，它就可能持消極態度甚至出手攪局；凡是能對中國構成外交挑戰的事情，它就可能加以利用甚至推波助瀾。至於澳大利亞，有些人患上了「精神分裂症」，對「經濟上靠中國，安全上靠美國」的局面把握不好平衡，還要利用南海問題刷存在感。這三個國家在南海問題上「臭味相投」，他們都擔心中國東盟把南海問題處理好了，自己會被「邊緣化」，失去挑撥離間的抓手。

對「南海仲裁案」，連當事國菲律賓都不提了，美日澳卻念念不忘鼓動菲律賓，但被菲律賓外長無情「打臉」。菲外長卡耶塔諾表示，菲律賓是個主權獨立國家，沒人可以告訴我們要做什麼。菲律賓將自己決定，怎樣做才對國家利益有好處。

過去美日等個別域外國家躲在幕後煽風點火；現在，在南海聲索國採取了不同的、積極的態度之後，他們只好自己衝向前臺，執意在趨於平靜的南海興風作浪。他們不論用多麼華麗動聽的辭藻包裝自己的用心，把自己裝扮成正義、公正的化身，到頭來都像是穿著「皇帝的新衣」在裸奔，赤裸裸地展示自己麻煩製造者的形象。

中國憑藉歷史耐心、戰略定力和真心誠意，與東盟各國一道穩住了南海局勢。這一局面來之不易，不容攪局者破壞。維護這一局面就是站在歷史正確的一邊，破壞這一局面就是開歷史倒車，到頭來被現實和歷史嘲笑。南海攪局者對此應有足夠的自知之明。

作者為本報特約評論員、中國國際問題研究院特聘研究員
原刊於《人民日報海外版》（2017年8月11日第1版）

美艦南海尋釁意欲何為

張軍社

八月十日，美軍「麥凱恩」號導彈驅逐艦未經中國政府允許，擅自進入中國南沙群島有關島礁鄰近海域，進行所謂「航行自由行動」。美艦行為違反中國法律和國際法，嚴重威脅中國主權和安全利益，嚴重危及雙方一線人員生命安全。對於美方這種炫耀武力、推動地區「軍事化」、極易引發海空意外事件的行徑，中國堅決反對。

國際社會不禁要問，當前南海形勢日趨穩定，美國還有什麼堂而皇之的藉口，派艦機非法進入中國南海島礁鄰近海域尋釁滋事？美國這種赤膊上陣的舉動，到底是出於什麼目的？

其實，一段時間以來，美國派軍艦戰機竄入中國南海島礁鄰近海域進行所謂的「航行自由行動」基本圍繞三個藉口：

一是要履行所謂對盟國的防務承諾。但是很明顯，隨著美國在南海爭端中的唯一盟國——菲律賓明確表示不參加美國在南海進行的聯合巡邏、不希望南海再起爭端，美國這一藉口毫無說服力。

二是要維護所謂的南海航行自由。眾所周知，南海的「航行與飛越自由」從來沒有成為問題，也沒有因南海爭議受到任何影響，因而美國這一借口同樣站不住腳。

三是要挑戰中國的領土主張。中國對南沙群島及其附近海域擁有無可爭辯的主權，這有充分的歷史和法律依據予以證明，因而美軍艦機竄入中國南海島礁鄰近海域進行所謂的「航行自由行動」，純屬搗亂和挑釁，違反國際法。長期以來，美軍的言行，也違背了美國做出的「在領土主權問題上不選邊站隊」的承諾，是嚴重的背信棄義。

事實一再證明，美國是推動南海「軍事化」的最大因素，美軍是破壞南海和平穩定的「麻煩製造者」。說到底，美國派艦機竄入中國南海島礁鄰近海域進行所謂的「航行自由行動」，根本目的就是要煽動南海地區局勢升溫，破壞地區和平穩定，為其繼續保持地區軍事存在、進而影響並控制地區事務製造藉口，實現其利用海洋爭端牽制、遏制中國發展，維持地區霸權的目的。

　　美方需要明白，中國維護南海地區領土主權和海洋權益的決心堅定不移。美軍的挑釁行動只會促使中國軍隊進一步加強各項防衛能力建設，提升國土防衛能力，堅定捍衛國家主權和安全。美方應早日回頭，停止以所謂「航行自由」為名行違法挑釁之實的行動。

　　近日舉行的東盟外長系列會議再次表明，絕大多數東盟國家希望南海成為和平之海、合作之海。美國應早日放棄冷戰思維，別總想著攪局、添亂，應切實尊重中國的主權和安全利益、尊重中國和東盟國家維護南海和平穩定的共同努力，多做有利於地區和平穩定的事，而不是做破壞南海和平穩定的「麻煩製造者」。

作者為海軍軍事學術研究所研究員

原刊於《人民日報海外版》（2017年8月12日第1版）

中國主權權益不容侵犯

蘇曉暉

八月二十八日，中國外交部發布的一條消息引起各方關注：二十八日下午二時三十分許，印方將越界人員和設備全部撤回邊界印方一側，中方現場人員對此進行了確認。

越界事件由印方而起。六月十八日，印度邊防部隊二百七十餘人攜帶武器，連同兩臺推土機，在多卡拉山口越過錫金段邊界線一百多米，進入中國境內阻撓中方的修路活動。印邊防部隊越界人數最多時達到四百餘人，連同兩臺推土機和三頂帳篷，越界縱深達到一百八十多米。印方行為引發局勢緊張。

歷經兩個多月，越界事件終以印軍主動撤出中國領土而得以解決。這種「主動」背後，反映出幾點重要事實。

首先，印軍越界確是違反雙邊條約和國際法。一八九〇年，中國和英國簽訂《中英會議藏印條約》，劃定了中國西藏地方和錫金之間的邊界。該條約規定，洞朗地區位於邊界線中國一側，是無可爭議的中國領土。長期以來，中印兩國按一八九〇年條約確定的邊界線實施管轄，對於邊界線的具體走向沒有異議。邊界一經條約確定，即受國際法特別保護，不得侵犯。事實上，印方深知理虧，對越界事件保持相對低調，避免主動宣傳和報導。

其次，中國主權權益不容侵犯。越界事件背後反映出印度的政治和戰略企圖。印度以種種「藉口」為其越界行為辯護，核心目標是在洞朗地區制造爭議，甚至干擾中國與不丹之間的劃界談判。中國邊防部隊及時在現地采取緊急應對措施，維護國家領土主權和合法權益。中方通過

外交管道向印方傳遞清晰資訊，劃設紅線，防止印方做出不切實際的誤判。中國外交部發布題為《印度邊防部隊在中印邊界錫金段越界進入中國領土的事實和中國的立場》的文件，向國際社會揭示真相。顯然，中國保持戰略定力，以理服人，通過外交溝通維護國家利益，也促使印度最終放棄侵害中方主權權益的幻想。

最後，中印友好符合兩國利益。中印兩國互為重要鄰國，雙邊關係應在相互尊重主權和領土完整的基礎上良性發展。兩國身為發展中大國和新興市場國家，有廣泛的共同利益，完全可以攜手發展。兩個國家之間難免出現各種問題，通過對話增加互信、通過溝通管控分歧，才是維護中印關係良好發展的正確路徑。

另外，值得警惕的是，在此次越界事件程序中，個別國家和某些西方媒體不斷發出噪音，試圖攪動中印關係和地區穩定。未來這些勢力恐不會輕易罷手，仍會伺機生事。中印都要擦亮眼睛，避免落入陷阱。

中國堅決捍衛主權權益，同時也重視發展同印度的睦鄰友好關係。中國重視對周邊關係，秉持「親誠惠容」的周邊外交政策。印方則應認清現實、顧全大局，與中國相向而行。

作者為中國國際問題研究院國際戰略研究所副所長
原刊於《人民日報海外版》（2017年8月29日第1版）

中止對美關稅減讓，是回應更是警示

梅新育

　　中方決定，自四月二日起，對自美國進口的一百二十八項產品加徵百分之十五或百分之二十五關稅。此舉是中國運用世界貿易組織規則，平衡因美國對進口鋼鐵和鋁產品加徵關稅（即二三二措施）給中國利益造成的損失，為維護中國利益而採取的正當舉措。

　　由於美國總統特朗普已於當地時間三月二十二日，簽署針對中國「經濟侵略」的總統備忘錄，宣布將就中國在鋼鐵、鋁貿易和智慧財產權方面的行為向五百億美元的中國對美出口商品徵收懲罰性關稅，同時限制中國對美直接投資，中國這一舉動是對美方二三二措施的回應，更是對美方的警示──

　　是懸崖勒馬撤回保護主義措施，還是繼續一意孤行，悉聽尊便，中方必定對等奉陪。中國不喜歡貿易戰，但正義在手，中國不得不以戰止戰。如止不了戰，中國應戰便是。

　　用通行的國際慣例衡量，美方301調查報告中對中方的指責是站不住腳的。須知，中國實施的技術轉讓條例，是完全參照一九八五年聯合國技術轉讓條例（草案）而制定的，而美國也參加了聯合國技術轉讓條例。中國的技術轉讓條例顯然符合國際慣例，何過之有？

　　不僅如此，按照通行的國際慣例，智慧財產權固然重要，卻也應當防止被濫用。世貿組織《與貿易有關的智慧財產權協定》中，本身就有多項條款授權成員方採取必要措施保護自己公共利益，防止智慧財產權

權利持有人濫用知識產權，特別是鼓勵向發展中國家轉讓技術，必要時可以採取強制措施。

對照世貿組織相關條款，審視美國單方面發起的這場301調查，它究竟是在防止濫用智慧財產權、防止不合理地限制貿易對國際技術轉讓造成不利影響，還是完全相反，明眼人不難作出判斷。

美國發動的這場貿易戰，不僅不符合世貿組織規則，也不符合包括美國企業在內的許多迅猛發展新興產業的要求。事實上，美國不同產業對知識產權保護的主張存在顯著差異，迅猛發展、扮演了近二三十年國際經濟發展技術火車頭的軟體等產業相當多地主張「弱保護」，製藥產業則最強烈主張「強保護」。但製藥業所要求的過度的「強保護」存在巨大倫理問題，在很多情況下已經走到了「勒索面臨死亡風險的患者」的地步。

美國決策者口口聲聲希望鼓勵創新、重建美國實體經濟部門基礎，但他們恐怕沒有想清楚，自己到底是應該側重保護創新更加活躍的產業，還是不惜製造嚴重倫理問題而片面聽從創新沒那麼活躍、對經濟社會拉動力量沒那麼強大的產業？

經過數十年發展，今日之中國不僅有足夠實力，對開啟貿易戰釁端的對方造成至少同等力度損傷，更有運用這種實力的堅強意志。但貿易戰歸根結底不是好事，依靠貿易保護主義、而不是自我更新自我改革就能重建本國實體經濟部門，更是十足幻想。為避免兩敗俱傷，幻想落空，開啟釁端者撤回保護主義措施才是上策。

不知美國華府決策諸公，有此見識否？

作者為商務部研究院研究員

原刊於《人民日報海外版》（2018年4月3日第1版）

積極發展全球夥伴關係

中非合作共贏的新春天已經到來

李新烽

今年是中非關係承前啟後、全面發展的重要年分。一月一日,國家主席習近平同南非總統祖馬互致賀電,熱烈慶祝中南建交二十週年。兩國元首的賀電釋放出三個重要資訊。

首先,自建交以來兩國關係全面深入發展,不斷鞏固和深化中南全方位合作符合兩國和兩國人民根本利益。其次,根據祖馬總統提議和非洲國家普遍願望,中方同意將今年在中國舉行的中非合作論壇部長級會議升格為論壇峰會。最後,作為中非合作論壇共同主席國,中南兩國致力於推進中非夥伴關係,推動二○一五年論壇約翰尼斯堡峰會成果落實。兩國元首的賀電預示著中非合作共贏新春天的到來。

一月十二日至十六日,中國外長王毅出訪盧旺達、安哥拉、加蓬、聖多美和普林西比等國,延續著中國外長連續二十八年新年首訪非洲的優良傳統。此訪不但表明中方一貫高度重視發展中非友好關係、加強中非團結合作,而且表明中方不論非洲國家貧弱大小,不管是內陸國還是沿海國甚或是島國,一視同仁平等對待。因為王外長此訪的盧旺達、加蓬、聖多美及普林西比島分別是資源相對貧乏、國土面積較小和國際影響力較弱的內陸國、沿海國和島國。

一月十八日,由中國社科院主辦的「中國發展新時代與中非合作新機遇國際研討會」將在北京召開。中國特色社會主義新時代為中非關係注入了新活力,為中非合作共贏提供了新機遇,如何利用好新活力、把握住新機遇,呼籲中非智庫的積極參與和中非學界的智力支援。這次研討會就是在這一大背景下舉行的,可謂恰逢其時。

近年來在與非洲同行的交流中，筆者得知他們對中國基礎設施建設先行、扶貧減貧脫貧經驗以及工業化和城市化道路讚不絕口，認為這些成功經驗對非洲具有特殊重要的借鑑意義。這裡僅以基礎設施建設為例，由於曾遭受殖民統治，非洲大陸缺少連貫的跨境基礎設施網路，這是各殖民者之間缺乏統一計畫也無法協調導致的結果，致使非洲國家之間物流運輸成本非常昂貴。目前一個二十噸重的集裝箱從日本海運到肯亞蒙巴薩港的費用是一千兩百美元，而這個集裝箱從蒙巴薩港運到烏干達首都坎帕拉則要二千五百美元，運到盧旺達首都吉佳利更是高達四千五百美元。中國援建的蒙內鐵路已經通車，這條鐵路未來還將延伸至烏干達、盧旺達等國，屆時將極大降低跨境物流運輸成本，進一步推動東非次區域互聯互通和一體化進程。

今年八月，金磚國家領導人將在約翰尼斯堡會晤。南非是非洲經濟發展的火車頭，其代表非洲國家加入金磚國家旨在促進和推動非洲大陸的經濟發展。這次金磚國家領導人齊聚南非，對加強金磚國家與非洲的經濟合作、加快非洲大陸的前進步伐不言而喻。

今年，中非合作論壇峰會將在中國舉行。這是一次加強中非團結合作的歷史性盛會，在檢閱中非合作論壇約翰尼斯堡峰會成果落實情況的同時，峰會出臺的新舉措必將有力推動「一帶一路」倡議與非洲「二〇六三年議程」的有效對接，繼續推動中非全面戰略夥伴關係深入發展。

經過長期努力，中國特色社會主義進入新時代，新時代要有新氣象，更要有新作為。中非合作共贏的新春天已經到來，讓我們以飽滿的熱情擁抱這個新春天，撸起袖子加油幹，不斷推動中非關係全面深入發展，不辜負這個偉大的時代，不辜負這個美好的春天。

作者為非洲問題專家、中國社科院西亞研究所副所長
原刊於《人民日報海外版》（2018年1月15日第1版）

中俄是新型國際關係典範

蘇曉暉

十月三十一日，俄羅斯總理梅德韋傑夫開始對中國正式訪問，並將與中方共同舉行中俄總理第二十二次定期會晤。

俄高度關注中國發展，重視兩國關係。中共十九大召開，俄總統普京發來賀電，並在「瓦爾代」國際辯論俱樂部年會上對十九大作出積極評價。十月二十六日，習主席應約與普京通話時，普京衷心祝願習主席帶領中共這一世界最大政黨持續取得新的成就。同時，普京高度評價雙邊關係，認為中俄關係堪稱當代世界大國和睦共處的典範。

事實上，國家間如何相處不僅是中俄面臨的課題，更是世界需要解決的難題。中共十九大報告給出的答案是：推動建設相互尊重、公平正義、合作共贏的新型國際關係。中俄關係已然成為新型國際關係的「樣板間」。

相互尊重是兩國實現和諧共處的基礎。中俄多次在聯合聲明等重要文件中申明，將恪守《中俄睦鄰友好合作條約》，相互支持對方維護主權、安全和領土完整等核心利益的努力，支持對方走符合本國國情的發展道路，支持對方發展振興，支持對方推行自主的內政方針。中俄高層保持著密切溝通，各類機制和架構配合支撐兩國順暢交流。通過相互尊重打造牢固互信，構成中俄政治關係的本質屬性和最重要特徵。

公平正義是兩國全面戰略協作的應有之義。中俄同為第二次世界大戰戰勝國、聯合國安理會常任理事國和主要新興市場國家，有責任、有義務、有必要在國際和地區事務中開展更加密切有效的協作，共同促進地區及世界的和平穩定和繁榮發展。維護戰略平衡與穩定是中俄堅守公

平正義的重點體現。中俄反對個別國家和軍事—政治同盟謀求在軍事和軍技領域獲得決定性優勢，以便在國際事務中毫無阻礙地通過使用或威脅使用武力來實現自身利益，並企圖以犧牲他國安全換取自身安全。在處理朝核等地區熱點問題時，中俄強調不應動用軍事手段，並對一些渾水摸魚的國家提出警告，有效防止局勢失控。

合作共贏是兩國關係發展的持久動力。雙方正在發揮各自優勢，本著互惠互利、相互理解的原則，圍繞發展戰略對接以及「一帶一路」建設與歐亞經濟聯盟對接，深化各領域務實合作。另外，兩國不斷推動人文交流合作，將民意相通和文化相融作為兩國世代友好的根基。

十九大報告指出，中國積極發展全球夥伴關係，擴大同各國的利益交匯點，推進大國協調和合作，構建總體穩定、均衡發展的大國關係框架，按照親誠惠容理念和與鄰為善、以鄰為伴周邊外交方針深化同周邊國家關係，秉持正確義利觀和真實親誠理念加強同發展中國家團結合作。中俄良性互動，證明了中國特色大國外交設計的合理性和可行性，展現了中國「朋友圈」建設的美好前景，也為新型國際關係的構建提供了樣板。

作者為中國國際問題研究院國際戰略研究所副所長
原刊於《人民日報海外版》（2017年10月31日第1版）

擘畫新時代中美關係新藍圖

賈秀東

　　十一月八日，美國總統特朗普開啟對中國的國事訪問，第一站到訪故宮博物院。在故宮濃厚的歷史文化氛圍中，中美兩國元首以獨特的、非正式互動的方式拉開了籌畫中美關係未來的序幕。

　　特朗普此行備受國際輿論關注，大家既關心雙方在具體議題上能達成哪些共識和成果，又關注雙方關於中美關係未來走向釋放什麼信號。對於國際輿論來說，在以下三大問題上如果能夠看透、想通，將有助於看清中美關係的走向，明瞭中美元首會晤的重要意義。

　　一是如何看中國。關鍵在於客觀公正認識「中國特色」。中美都是有特色的國家，也都是很有個性的國家。中國是一個歷史悠久、人口眾多的發展中國家，也是由中國共產黨領導的社會主義國家。中共十九大宣告中國特色社會主義進入了新時代，並確定了「兩個階段」的發展目標。無論是在國內努力建設富強民主文明和諧美麗的國家，還是在國際上致力於建設持久和平、普遍安全、共同繁榮、開放包容、清潔美麗的世界，都體現了中國為構建人類命運共同體作出更大貢獻的願望和決心。進入新時代的中國將繼續踐行中國特色大國外交，高舉和平、發展、合作、共贏的旗幟，恪守維護世界和平、促進共同發展的外交政策宗旨，堅定不移地尋求發展同各國的友好合作。這樣的中國特色將確保中國始終是世界和平的建設者、全球發展的貢獻者、國際秩序的維護者。中國的發展是世界的機遇，不是挑戰，更不是威脅。

　　二是如何看世界。關鍵在於認清歷史趨勢。故宮見證了中國歷史的興衰榮辱，目睹了中國從站起來、富起來到強起來的歷史轉變。中國歷史與世界歷史息息相關。世界範圍內五百年來遭遇了殖民與擴張時代以

及戰爭與革命時代，滄海桑田，終於迎來和平與發展的時代。當今世界正處於大發展大變革大調整時期，和平與發展仍然是時代主題，和平與發展的大趨勢不可逆轉。中國的戰略選擇和發展路徑符合時代潮流。習近平主席指出，「我們生活的世界充滿希望，也充滿挑戰。我們不能因現實複雜而放棄夢想，不能因理想遙遠而放棄追求。沒有哪個國家能夠獨自應對人類面臨的各種挑戰，也沒有哪個國家能夠退回到自我封閉的孤島」。中國擁抱全球化，也深知全球化帶給各國的挑戰。各國應同舟共濟，推動經濟全球化朝著更加開放、包容、普惠、平衡、共贏的方向發展。

三是如何看中美競爭。關鍵在於要有全球視野。其一，作為世界上兩個最大經濟體和安理會常任理事國，中美在維護世界和平穩定、促進全球發展繁榮方面擁有廣泛的共同利益，肩負特殊的重要責任。兩國利益深度交融，早已形成你中有我、我中有你的局面，誰也離不開誰。中國不是美國一些人想像的對手和敵人；其二，各國相互聯繫和依存日益加深，中國在各國外交天平上的分量越來越重，美國的盟友總體上來講不願在中美之間選邊站，中國的「朋友圈」同樣也不希望中美變成對立關係。如果為了迎合那種防範和牽制中國的想法，把中國當成對手，來編織針對中國的亞太戰略或者全球戰略，最終都不會成功，只是徒增中美之間的戰略互疑。

習近平指出，我們有一千條理由把中美關係搞好，沒有一條理由把中美關係搞壞。美國新一屆政府就職以來，良性互動是中美關係的主色調，開局基本平穩，這與兩國元首的戰略引領是分不開的。特朗普此次訪華正值中共十九大勝利閉幕後不久，為兩國加深相互瞭解提供了機遇。兩國元首利用此次會晤就共同關心的重大問題再次進行戰略性溝通，將為新時代中美關係發展描繪更加絢麗的藍圖。

作者為本報特約評論員、中國國際問題研究院特聘研究員

原刊於《人民日報海外版》（2017年11月09日第1版）

中歐關係全球意義日益突顯

王義桅

　　李克強總理即將啟程訪歐，參加中德總理年度會晤和第十九次中歐領導人會晤，並訪問比利時。李克強總理的歐洲之行恰逢美歐剛剛在北約峰會、七國集團（G7）峰會上圍繞貿易、氣候變化等問題齟齬不斷，因此尤其為世界所關注。從多極化到全球化，從全球治理到多邊主義，中歐關係有新的共同使命，中歐關係的全球意義日益突顯。中歐全球層面的共同價值觀在增加，主要體現在：

　　同為全球化的推動者。李克強五月二十四日會見德國副總理兼外長加布里爾時說，期待通過此訪共同發出中德、中歐支持經濟全球化和貿易投資自由化便利化、維護地區和平穩定、促進發展繁榮的強烈信號。德國總理默克爾近日公開表示，保護主義和孤立主義短期或有些許甜頭，但中長期將削弱本國創新能力和發展潛力，逆全球化將把包括德國在內的所有國家引入發展的「死胡同」。歐盟發布的《駕馭全球化反思報告》白皮書，也強調全球化積極作用，認為全球化趨勢不可逆轉，並明確反對保護主義。全球化做大做強了中歐共同利益。二〇〇四年以來，歐盟連續位居中國第一大交易夥伴，中國也多年保持歐盟第二大交易夥伴地位。

　　同為全球治理的促進者。特朗普首訪歐洲，告訴七國集團的夥伴，他需要更多時間思考是否堅持他的競選誓言，使美國退出巴黎氣候協定。德國總理默克爾日前在一場競選活動中稱，歐洲不能再繼續依賴其他國家了。歐洲理事會主席圖斯克評論說，「這是七國集團峰會最具挑戰的一次」。「最重要的是，我們必須捍衛基於規則的國際秩序。」尋

求與中國在氣候變化和全球治理，包括海洋、極地問題上的合作，成為歐盟外交重點。

同為多邊主義的實踐者。特朗普與其他七國集團成員國在貿易和氣候變化問題上產生矛盾，讓歐洲更重視與中國合作踐行多邊主義。中國的「一帶一路」倡議宣導多邊主義，因此為歐洲所看重。歐委會主席容克在七國集團峰會召開前發表演講稱，歐洲人相信開放的社會，我們一直在尋求多邊解決方案。我們要建立橋梁，而不是屏障。

「一帶一路」倡議提出後，中歐關係在「五通」各領域均取得了重大進展。尤其值得一提的是，中歐班列為推進「一帶一路」建設提供了有力的運力保障。中歐班列開啟歐亞內陸貿易的新時代，成本是空運的五分之一，時間比海運縮短了一半以上，在汽車零配件、保質期短的食品等貨物運輸方面尤其具有優勢，豐富了中歐人民的生活。中歐班列還促進了中歐地方合作，啟動了物流、資訊流，增強了中歐貿易的內生動力。

中歐關係已過不惑之年。中歐將拓展電子商務、服務貿易等領域合作，以彌補傳統貿易不足，同時，把氣候變化打造成中歐合作新亮點。

中歐關係帶著新使命、新動力，正在克服前進中的阻力，給世界帶來更多正能量。

作者為同濟大學德國研究中心研究員、
中國人民大學歐盟研究中心主任
原刊於《人民日報海外版》（2017年5月31日第1版）

中日是搬不走的鄰居

賈秀東

　　四月十五日至十七日，國務委員兼外交部長王毅應邀對日本進行正式訪問，並同日本外相河野太郎主持召開第四次中日經濟高層對話。王毅此行是兩國加強高層交往和溝通的重要舉措，對進一步鞏固中日關係改善的勢頭有重要意義。

　　從日本首相安倍在會見王毅時的表態看，日本政府對改善兩國關係有著強烈意願。安倍主要表達了兩層意思：一是政治層面，日方高度重視對華關係，願以日中和平友好條約締結四十週年為契機推動兩國關係全面改善，實現包括李克強總理訪日在內的高層交往，在戰略互惠關係框架下開展更廣泛的合作。二是經貿層面，日方歡迎習近平主席近日宣布的中國擴大開放新舉措，認為將有利於促進日中經濟關係；期待「一帶一路」建設能夠有利於地區經濟的恢復和發展；日本同樣重視世界貿易組織規則，主張按世貿組織規則處理經貿問題。

　　的確，與前幾年的低迷相比，現在的中日關係呈現積極改善動向，多層次對話漸次開展，雙方就進一步推動兩國關係改善達成了共識。這一改善勢頭來之不易，值得珍惜。特別是今年是《中日和平友好條約》締結四十週年，也是《中日聯合宣言》發表二十週年和《中日關於全面推進戰略互惠關係聯合聲明》發表十週年，中日關係正面臨著一個走出近年來困境的歷史機遇期。關鍵在於，日本方面能否與中方相向而行，「不忘初心、鞏固基礎、以史為鑒、共創未來」，推動兩國關係沿著正確方向行穩致遠。對日方來說，正確處理好下述四個問題至關重要。

　　一是政治上講信用，守規矩，也就是恪守《中日聯合聲明》等中日

四個重要文件所確立的重要原則，妥善處理涉及兩國關係政治基礎的敏感問題。正所謂「基礎不牢，地動山搖」，日方在歷史問題和一個中國原則問題上不要再反覆無常。

二是安全上對華少疑神疑鬼，也就是要客觀、理性看待中國的發展，切實把中日「互為合作夥伴、互不構成威脅」的共識落實到具體行動當中。正所謂「心病還須心藥治」，日方應端正對華認知，放棄「圍堵」中國的對抗心態，不再散布或附和形形色色的「中國威脅論」。

三是經貿上摒棄「零和」遊戲，也就是要堅持互利共贏、共同發展，與中方一起挖掘經貿合作新動能，致力於實現兩國經濟合作的提質升級。把對「一帶一路」態度的積極轉變進一步變成積極的實際行動，與中方一道推動「一帶一路」合作取得成果，將其打造成兩國合作的新亮點。

四是多邊上應與中方一起繼續推進東亞經濟一體化進程，加速進行中日韓自貿區和區域全面經濟夥伴關係協定談判，向著早日建成亞太自由貿易區的目標不斷邁進。雙方應共同反對貿易保護主義，共同維護多邊貿易體制，共同推動建設開放型世界經濟。

中日是隔海相望、搬不走的鄰居。中方始終重視中日關係，希望兩國和平相處，互利合作，期盼兩國關係重回正常軌道。但是，日本政府對華政策存在兩面性，日本存在對華「兩面人」，時不時地在涉華敏感問題上「開倒車」，對這一點中方也有著非常清醒的認識。當前，中日關係的積極變化符合雙方的共同利益，但中日關係要真正走上健康、穩定發展之路，還需要雙方共同付出巨大努力。

日方能否以實際行動，拿出誠意來，不猶豫，不後退，不折騰，多做有利於雙方增信釋疑、良性互動的事兒，中方拭目以待。

作者為中國國際問題研究院特聘研究員

原刊於《人民日報海外版》（2018年4月17日第1版）

中拉合作揚帆駛入新時代

吳洪英

　　新年伊始，中拉合作迎來新氣象。一月十九至二十二日，中拉論壇第二屆部長級會議在智利首都聖地牙哥舉行。這是該論壇部長級會議首次在拉美舉行，是中共十九大提出的中國特色大國外交要致力於構建新型國際關係、構建人類命運共同體的「雙構理念」在拉美的具體體現，也是中拉合作史上的一件盛事，標誌著中拉關係進入整體合作加速發展的新時代。

　　中拉論壇是由習近平主席二〇一四年七月親自宣導成立，二〇一五年一月北京首屆部長級會議標誌正式啟動。這是繼「中非論壇」「中國與東盟10＋1」機制、「中阿論壇」「中國與中東歐國家經貿論壇」之後，中國建立的又一個發展中地區對話與合作平臺，標誌中拉整體合作由構想變為現實，實現了中國同發展中地區合作機制「全覆蓋」，完善了中國外交的整體布局。

　　三年來，中拉論壇在創新中發展，在發展中壯大。從頂層設計看，中拉領導人頻繁互訪，尤其習近平主席四年三訪拉美到訪十國，與拉美國家領導人達成加強中拉論壇機制建設、推動中拉整體合作的共識，共同確立了「建立平等互利、共同發展的全面合作夥伴關係」新目標。

　　從機制建設看，中拉對話合作機制不斷豐富完善。定為每三年輪流在中國和拉美國家舉行的部長級會議舉行兩次，中國—拉共體「四駕馬車」外長對話舉行三次，中拉「政黨、青年政治家、農業部長、智庫、企業家、科技創新、基礎設施、地方政府、民間友好」等十七個分論壇相繼建立並展開活動，合作範圍拓展到十多個領域。

從經貿合作看，中方提出的「1＋3＋6」合作框架和「3×3」合作模式有力推動中拉務實合作。二〇一七年一月至十月，中拉貿易額達2012.9億美元，同比增長18.3%。在拉美的中企已超二千家，中國對拉美直接投資存量達2071.5億美元，佔中國對外投資總量的15.3%，拉美已成為僅次於亞洲的中國海外投資第二大目的地。中方三百五十億美元對拉美「一攬子融資安排」已讓拉美二十多國八十多個民生項目受益。

從人文交流看，中國大幅增加拉美共同體成員國獎學金和培訓名額，已邀拉美八百多位政黨領導人、兩百多位青年領袖訪華，提供近四千個來華培訓和兩百多個在職碩士名額，「未來之橋」中拉青年領導人千人培訓計畫、「中拉科技夥伴計畫」等有序推進，中拉新聞交流中心正式成立，「中拉文化交流年」推動中拉文化互學互鑒高潮迭起。目前中國在拉美二十個國家建有三十九所孔子學院和十八所孔子課堂。

二〇一八年初的這場部長級會議無疑是一次承前啟後、繼往開來的開局之作。中國外長與拉美三十三國外長或政府代表及四個多邊國際機構代表圍繞加強機制建設、「一帶一路」建設、互聯互通、氣候變化等議題展開磋商，聚焦務實合作，共倡互利共贏，共謀未來合作藍圖。會議通過的成果文件將成為新時期中拉合作指導性檔和行動綱領。拉美作為「古代海上絲綢之路」的自然延伸，正在成為「一帶一路」建設不可或缺的參與方，「一帶一路」倡議與拉美發展戰略對接將推動中拉整體合作迎來一個新的戰略機遇期。

當前，中國已經進入致力於全面建成中國特色社會主義現代化國家、實現中華民族偉大復興的新時代。拉美國家也在積極探索符合自身國情的發展道路，致力於躋身發達國家行列的「拉美夢」。我們期待中拉雙方團結協作，開拓進取，共圓「中國夢」和「拉美夢」。

作者為中國現代國際關係研究院拉美所所長

原刊於《人民日報海外版》（2018年1月22日第1版）

中德攜手構築全球治理責任共同體

鄭春榮

　　中國國家主席習近平於七月四日至六日對德國進行國事訪問，並出席七月七日至八日在德國漢堡舉行的二十國集團（G20）領導人峰會。這是習近平擔任國家主席以來第二次訪問德國。二〇一四年習主席首次訪德時，中德雙方將兩國關係提升為全方位戰略夥伴關係。習主席的此次訪問受到廣泛關注，必將把中德兩國的政治互信和務實合作水準提升到新的高度。

　　日前，習主席在德國《世界報》發表的題為《為了一個更加美好的世界》的署名文章中表示，中德兩國要對世界和地區和平、穩定、繁榮肩負起重要責任。可以說，在當前全世界範圍各種不穩定不確定性增加的嚴峻形勢下，中德兩國有必要且有能力攜手構築全球治理責任共同體。

　　首先，中德兩國日益緊密的全方位戰略夥伴關係，為中德共擔全球責任奠定了堅實基礎。中德建交四十五年來，兩國關係積極向前發展。近年來，兩國領導人更是互訪頻繁，兩國政治互信日益增強。中德經貿聯繫越加緊密，投資合作已從「單行道」拓展為「雙向快車道」。在今年五月中德兩國建立高級別人文交流對話機制後，中德兩國人民之間也搭起了「心靈之橋」。習主席此次訪德，兩國領導人不僅就國際和地區熱點問題深入交換了意見，而且有力地推進了德國「工業4.0」與「中國製造2025」的戰略對接，擴大了兩國在「一帶一路」倡議框架裡的務實合作。與此同時，作為中德友誼使者的一對大熊貓來到德國，定將進一步拉近中德兩國人民心靈之間的距離。

其次，錯綜複雜、亂變交織的國際形勢，要求具有重要影響力的中德兩國勇擔全球責任。當前世界範圍依然存在著各種危機和衝突，跨國恐怖主義蔓延肆虐、世界經濟形勢動盪、貿易保護主義思潮抬頭……甚至《巴黎協定》也面臨著美國宣布退出的挑戰。在這樣的大背景下，需要擁有全球胸襟和視野的中德兩國為全球治理貢獻自己的力量。習主席此次訪德，必將為中德兩國關係的未來發展謀劃出新的藍圖，推動中德在全球治理中發揮更大作用，並引領中歐關係的全面發展，推動一個重拾自信的歐盟加入這個責任共同體。

最後，中德兩國在全球治理領域具有廣泛的共識，兩國先後舉辦二十國集團領導人峰會，為兩國在全球治理中承擔責任提供了契機。中德兩國都主張繼續推進全球化進程，重視發展問題和聯合國《二○三○年可持續發展議程》的落實，致力於國際關係規則和全球治理機制的改進與完善。兩國不僅加強二十國集團框架裡的協調與合作，而且共同確保二十國集團繼續發揮國際經濟合作主要論壇作用。習主席此次訪德並出席二十國集團漢堡峰會，是對德國舉辦二十國集團峰會的支持，也表明了中德兩國攜手促進世界經濟強勁、可持續、平衡、包容增長的信念與擔當。

回顧過去，中德兩國在各個方面的利益緊密交織，雙方已經在很大程度上形成了你中有我、我中有你的命運共同體，給兩國人民帶來了實實在在的好處。展望未來，中德兩國必將為推進和改善全球治理肩負起更重大責任、作出更大貢獻，從而有力促進世界的和平、穩定、繁榮。

作者為同濟大學德國研究中心主任、教授

原刊於《人民日報海外版》（2017年7月6日第1版）

中法關係三大特質給人啟示

易　凡

　　一月八日至十日，法國總統馬克龍應習近平主席邀請對中國進行國事訪問，成為中國貫徹十九大精神開局之年接待的首位外國元首，中法關係面臨新的歷史發展機遇。

　　法國是第一個同新中國正式建交的西方大國，中法建交對世界格局產生了深遠影響。中法關係長期走在中國同西方大國關係前列，近年來更加成熟穩定和富有活力。中法關係何以獨樹一幟，三大特質給人啟示。

　　一是獨立自主、政治互信。獨立自主是中華民族和法蘭西民族的共有稟賦。建交五十多年來，中法歷代領導人總能「不畏浮雲遮望眼」，從戰略和長遠角度看待和處理雙邊關係，堅持不懈進行超越集團對抗、求同存異、互利共贏的探索和實踐。兩國率先建立全面夥伴關係、全面戰略夥伴關係，率先開展戰略對話、互辦大型文化主題年、互設文化中心，成為東西方文明和諧相處、大國間互尊互信、共贏發展的典範。源自獨立自主的政治互信確保兩國牢牢把握前進方向，這是中法關係的核心特質和兩國長期交往積累的寶貴財富，值得珍視、繼承和發揚。

　　二是敢為人先、互利共贏。中法都是古老而常新的文明，有著相容並包、創新變革的精神共鳴。法國是第一個同中國開展民用核能合作、第一個同中國簽訂航空運輸協定的西方國家，是最早開展對華投資的西方國家之一。二〇一四年三月，習近平主席對法國進行歷史性訪問，開創緊密持久的中法全面戰略夥伴關系新時代。中法合作全面提速，向企業全產業鏈合作、聯合研發製造和共同開拓協力廠商市場的更高階段邁進。雙方正積極對接《中國製造2025》和法國未來工業計畫，大力拓展在可持續發展、金融、農業食品、創新等新興領域合作，探討「一帶一

路」具體合作模式，打造更加緊密互惠的夥伴關係，繼續引領中西方合作，為世界經濟可持續發展、國際產業升級貢獻「中法方案」。

三是責任擔當、計天下利。中法兩國都有「家國天下」的情懷，同為聯合國安理會常任理事國，對國際事務具有重要影響，對涉及人類命運的重大問題負有共同責任。有著大國地位自覺的中法兩國在推動世界多極化、經濟全球化、文明多樣性、國際關係民主化等方面立場高度契合。從反霸到打恐，從核不擴散到促成《巴黎協定》，從捍衛以聯合國憲章宗旨和原則為核心的國際秩序到推動國際貨幣基金組織改革，兩國攜手弘揚多邊主義、推動解決熱點問題、應對全球挑戰、完善全球治理，共擔維護世界和平、促進共同發展的大義。中國一向重視法國作為歐盟創始成員國和核心大國發揮的重要作用，始終支援歐洲一體化進程，希望同法國一道，繼續推動中歐四大夥伴關係建設，促進中歐、亞歐共同繁榮。

實踐證明，中法兩國沒有根本利害衝突，沒有歷史包袱，有的是兩大文明相互欣賞、相互吸引的惺惺相惜，有的是獨立自主、敢為人先、責任擔當的精神共鳴，有的是政治互信、互利共贏、為全球謀福祉的戰略契合。馬克龍總統重視發展對華關係，同習近平主席兩次通話，並在二十國集團領導人漢堡峰會期間成功舉行首次會晤。不久前，馬克龍偕夫人專程到位於法國中部的博瓦勒動物園看望中法熊貓寶寶「圓夢」，表示對中國「友好且具有戰略意義的」訪問將翻開「兩國關係歷史新篇章」。

戴高樂將軍曾指出「法國如果不偉大就不成其為法國」。法蘭西民族的大國夢想同中華民族偉大復興的中國夢是相通的，中法兩國共同開闢人類更加繁榮、更加安寧的美好未來的追求是相同的。我們有理由相信，勇於逐夢的中法兩國攜手同行，一定會圓夢新時代，開拓新未來。

作者為國際問題觀察員

原刊於《人民日報海外版》（2018年1月8日第1版）

中英關係步入新時代

張　健

　　二月一日，習近平主席會見來華訪問的英國首相特雷莎・梅，提出中英雙方應賦予中英關係新的時代內涵，共同打造「黃金時代」增強版。習主席的倡議是對中英關係當前發展的肯定，必將推動中英關係在新時代健康穩定發展，為兩國人民帶來更多福祉，為世界繁榮穩定提供更多助力。

　　「黃金時代」是中英關係的關鍵字，在中國與歐洲國家的諸多雙邊關係中獨樹一幟。二○一五年十月，習近平主席成功訪英，兩國宣布構建面向二十一世紀全球全面戰略夥伴關係，開啟持久、開放、共贏的中英關係「黃金時代」。從那時以來，國際形勢風雲變幻，但中英雙方共建「黃金時代」的決心未變。特雷莎・梅此次訪華，中英雙方達成多項共識，簽訂多項協議，正式開啟中英「黃金時代」增強版的新時代。

　　中英關係未來發展需要戰略性引領，「黃金時代」增強版正是這種引領性需要的產物，符合中英雙方的長遠利益，契合中英兩國新時代發展的新要求。當前，英國正在穩步推進脫歐進程，國家未來發展既面臨不確定性，也可能因此打開新的發展窗口。為此，英國提出了新的產業發展戰略，提出了「全球化英國」戰略等未來發展規劃。中國作為一個欣欣向榮的大國，無論在經濟發展、安全維護還是國際治理等方面，都應能為英國提供極大助力。

　　中國特色社會主義進入了新時代，中共十九大報告規劃了中國未來發展藍圖，中國對外開放的大門將越開越大。作為聯合國安理會五常之一，作為一個開放性、創新性大國，作為一個具有獨特全球影響力的重

要國家，英國應該成為中國經濟社會發展、「一帶一路」建設和人類命運共同體建設的天然合作夥伴。

中英兩國共同打造「黃金時代」增強版有良好基礎。其一，中英雙方彼此高度重視。英國是最早承認新中國的西方大國，也是首個加入亞投行的西方大國，具有戰略和長遠眼光。近年來，中英雙方高層及民間交流頻繁，「黃金時代」的政治基礎和民意基礎厚實。其二，中英雙方均高度務實。英國秉持開放態度，中英在金融、核電、投資等領域務實合作走在歐洲前列，如欣克利角的核電站專案、啟動中的滬倫通項目等，英國在人民幣國際化方面也持積極正面態度。中國對英國投資保持良好勢頭，即使在英國脫歐的背景下，中國對英投資也不減反增。其三，中英在諸多國際問題上理念相近，合作良好。中英兩國都支持經濟全球化、反對保護主義，支持改革全球經濟治理體系，主張全球合力應對氣候變化、解決環境污染，主張維護伊朗核協議成果等。中英兩國在聯合國、二十國集團等框架下也有良好溝通和合作。

打造中英「黃金時代」增強版，符合中英兩國根本利益，將給兩國帶來實實在在的好處。中英關係也將成為新型國家間關係的典範，最終惠及全球，促進人類命運共同體建設。

作者為中國現代國際關係研究院歐洲所所長
原刊於《人民日報海外版》（2018年2月3日第1版）

中瑞關係：四個典範　四重意義

陳須隆

　　中國國家主席習近平於一月十五日至十八日對瑞士進行國事訪問、出席世界經濟論壇二〇一七年年會並訪問瑞士國際組織，引起舉世矚目。此訪的重要意義之一在於，中瑞關係的多重示範意義得以彰顯。

　　中瑞關係是不同類型國家友好相處的典範。十六日，習近平主席同瑞士聯邦主席洛伊特哈德會談時指出，中瑞關係已經成為不同社會制度、不同發展階段、不同大小國家發展友好合作的典範。

　　中瑞兩國相距遙遠，國家體量差別大，文明基因不同，社會制度不同，發展階段不同，但兩國人民長期互有好感，雙方相互尊重各自選擇的社會制度和發展道路，堅持平等相待和友好合作。自一九五〇年中瑞建交以來，兩國關係取得長足發展，並攜手培育了「平等、創新、共贏」的中瑞合作精神。習近平此訪，旨在鞏固友誼、推進合作、共謀和平與發展，給中瑞友好關係注入了強大新動能，開闢兩國友好相處的光明前景。

　　中瑞關係是不同經濟體互利合作的典範。兩國在經濟上互惠互利，相互提供發展機遇，不斷深化合作。一九七四年十二月，《中瑞貿易協定》簽訂。一九七九年瑞士給予中國普惠制待遇。二〇一三年七月，兩國簽訂《中瑞自由貿易協定》，成為中國與歐洲大陸國家和全球經濟前二十強國家簽署的首個雙邊自貿協定。瑞士還是最早承認中國完全市場經濟地位的歐洲國家之一。中國則成為瑞士在亞洲最大交易夥伴國。瑞士從中國經濟發展中獲益良多。近年來雙方經貿、投資、金融等領域合作發展迅速。瑞方積極參加亞投行，支持「一帶一路」建設。習近平在

瑞士表示，雙方要深化貿易、金融合作。瑞方對此作出了積極回應，預示著兩國經濟合作將開闢新局面。

中瑞關係是創新戰略夥伴關係的典範。習近平同洛伊特哈德會談時，雙方同意在中瑞創新戰略對話平臺這一新機制統籌引領下，加強「中國製造2025」同瑞士「工業4.0」對接，推進兩國企業和研究機構創新合作。

瑞士是「科技創新之國」，創新是其重要特色。中國以創新作為發展的最重要動力，把創新置於五大發展理念之首。二〇一六年全球創新指數顯示，瑞士高居榜首，中國則由二〇一五年的第二十九位升至二〇一六年的第二十五位。《二〇一六至二〇一七年全球競爭力報告》表明，在全球競爭力排名榜上，瑞士連續第八年排名榜首，中國連續第三年居第二十八位，保持最具競爭力新興市場地位。兩國元首於二〇一六年四月一致決定建立中瑞創新戰略夥伴關係，瑞士也因而成為中國首個創新戰略夥伴關係國，其引領和示範意義不言自明。習近平此訪，豐富和深化了中瑞創新戰略夥伴關係的內涵，譜寫了兩國創新合作新篇章。

中瑞關係是共商共築人類命運共同體的典範。雙方在反對貿易保護主義、和平解決國際爭端等重大問題上擁有相同或相近立場。

中瑞都關心人類的前途和命運，都有兼濟天下之情懷，都積極弘揚多邊主義，攜手推進全球治理。瑞士既是多邊主義的中心舞臺，也是加強全球治理的前沿陣地，還是推動建設人類命運共同體的理想高地。習近平此訪，將發出共商共築人類命運共同體的時代強音，中瑞雙方不僅是歷史見證者，也是踐行者和「同呼吸、共命運的朋友」。

無疑，高品質的中瑞關係在中國同歐洲乃至西方國家關係中具有多重示範意義。

作者為中國國際問題研究院國際戰略研究所所長
原刊於《人民日報海外版》（2017年1月17日第1版）

從中蒙「整束好行裝再出發」說起

華益文

二月二十日，中國外長王毅在與蒙古國外長會談後共同會見記者時表示，中蒙關係可謂「整束好行裝再出發」，一語道出中蒙關係的現狀和走向，也折射出中國外交的一些脈絡。

第一，仗義。

當前，蒙古國面臨經濟困難。在經歷幾年高速發展之後，蒙古國去年開始陷入經濟危機狀態，在財政上過起「拆東牆補西牆」的日子，尤其是今年出現主權債務違約風險，迫切需要外來資金幫助其渡過難關。此時，中方承諾將會通過國際貨幣基金組織等多邊和雙邊管道，為蒙渡過難關提供力所能及的幫助。正如王毅外長所說，「鄰居有難時，我們應伸出援手。朋友需要幫助時，我們願助一臂之力」。人們不會忘記，在一九九七年亞洲金融危機、二〇〇八年國際金融危機爆發後，中國先後對有關國家出手相助。習近平主席曾多次講到中國外交堅持正確義利觀，做到義利兼顧，講信義、重情義、揚正義、樹道義。這是中國作為一個負責任大國的擔當。這種仗義不僅體現在滿足其他國家一時之需上，更體現在中國真心誠意地幫助他國實現和平發展上。這方面的例子在中國外交中比比皆是。這種外交上的仗義，為中國贏得了國際聲譽、贏得了朋友。

第二，底線。

中蒙關係的發展並不是一帆風順的。去年十一月，蒙方不顧中方反對，執意允許達賴喇嘛竄訪蒙古國，對中蒙關係產生消極影響。此後蒙方及時採取積極措施回應了中方關切，包括作出鄭重表態和承諾，重申堅定奉行一個中國政策，尊重中方在涉藏等問題上的核心利益和重大關

切。這對中蒙關係重回正軌並在新起點上繼續前行具有重要意義。中國外交有自己的底線，在涉及國家核心利益的問題上絕不會含糊，這與中國外交的仗義並不矛盾。中國堅持走和平發展道路，堅持以鄰為伴、與鄰為善，與此同時堅定捍衛自己的核心利益，不允許其他國家挑戰、損害中國的主權、安全、發展利益。不論涉藏、涉臺問題，還是海洋權益等問題，如果有人觸碰中國的底線，就會招致中方的堅決反對甚至反制。中國的外交仗義是建立在相互尊重核心利益基礎上的，外界不能誤認為中國會為了維護和平穩定的外部環境，就會不惜在核心利益問題上猶疑、妥協、忍讓。

第三，共贏。

中蒙關係面臨新的機遇，具有很大潛力。在包括中國在內的國際社會支持下，蒙古國通過自己的努力，有可能很快擺脫困境，走上經濟恢復發展的道路。中蒙山水相連，擁有四千七百多公里陸地邊界線，兩國經濟互補性又強，發展好中蒙關係對雙方都具有重要戰略意義。中國外交追求的是合作共贏。中國同意與蒙古國加緊商簽發展戰略對接、加強產能投資、跨境經濟合作區相關文件，儘早啟動中蒙自貿協定聯合可行性研究，都是對兩國長遠經濟發展有益的。此外，中蒙還將儘早簽署「一帶一路」倡議與蒙方「草原之路」發展戰略對接的政府間文件，中蒙俄三方也已就建設中蒙俄經濟走廊達成共識並簽署規劃綱要。這表明，合作共贏才是促進各國利益的最佳選擇。中國即將主辦「一帶一路」國際合作高峰論壇，「一帶一路」倡議已成為當今世界最受歡迎的國際合作構想，這生動體現了中國宣導的合作共贏理念的強大感召力和生命力。中國堅持正確義利觀，言出行隨。對此，其他國家應本著相互尊重的態度與中國相向而行，最終實現合作共贏。這也是中蒙「整束好行裝再出發」帶給我們的啟示。

作者為國際問題專家

原刊於《人民日報海外版》（2017年2月22日第1版）

中芬夥伴關係充滿正能量

蘇曉暉

　　四月四日至六日，中國國家主席習近平對芬蘭進行國事訪問。訪問期間，雙方回顧了中芬建交六十七年來雙邊關係長足發展和兩國長遠友誼，宣布建立中芬面向未來的新型合作夥伴關係。

　　中芬夥伴關係的建立，源於兩國近年來的共同努力。在二〇一三年四月芬蘭總統尼尼斯托來華進行國事訪問期間，習近平主席與其就構建和推進面向未來的新型合作夥伴關係達成重要共識，為中芬關係發展指明了方向。此後，兩國高層往來頻繁，政治互信強化，合作廣泛開展，人文交流密切，為習主席訪問提升兩國關係奠定了基礎。

　　中芬夥伴關係是中國特色大國外交的重要實踐。習主席在二〇一四年中央外事工作會議上正式提出，要在堅持不結盟原則的前提下廣交朋友，形成遍布全球的夥伴關係網路。同時，中國不斷充實夥伴關係內涵，越來越多建立起特色鮮明的夥伴關係。中芬面向未來的新型合作夥伴關係，即是中國與時俱進廣交朋友的成果。

　　中芬夥伴關係具有前瞻性。芬蘭是最早同新中國建交的西方國家之一，也是首個同中國簽署政府間貿易協定的西方國家。尼尼斯托總統是十八大後來華訪問的首位歐洲國家元首。若干個「第一」說明，中芬關係充滿活力、勇於開拓。當前，雙方同意加強經濟發展規劃對接，探討在「一帶一路」框架內開展合作，共同促進亞歐大陸互聯互通。在循環經濟、資源利用效率、新型城鎮化和綠色生態智慧城市建設等領域的深化合作，也突顯兩國著眼未來發展。

　　中芬夥伴關係體現戰略性。在雙邊層面，兩國致力於加強國家層面

政治引領和全面協調，推動各層級交流。在更寬廣的視野中，雙方將中芬夥伴關系作為中國歐盟全面戰略夥伴關係的補充，同意共同致力於打造中歐和平、增長、改革、文明四大夥伴關係，推動落實《中歐合作2020戰略規劃》，促進中國—北歐合作。中芬夥伴關係對中國與北歐開展次區域合作以及中歐合作起到積極的示範作用。

中芬夥伴關係展示時代性。相互尊重是中芬關係多年來平穩發展的保障。習主席訪問期間，雙方重申相互尊重主權和領土完整，堅持相互尊重、平等相待原則，照顧彼此核心利益和重大關切。同時，中芬合作不針對第三方，強調開放包容。在建設中芬關係過程中，中國落實了以合作共贏為核心的新型國際關係的科學理念。另外，兩國同意加強在國際和地區事務中的溝通和協調，維護世界和平穩定。中芬認為，經濟全球化趨勢不可逆轉，願促進全球治理體系朝著更加合理的方向發展。中芬夥伴關係，順應和平、發展、合作、共贏的時代潮流。

中芬建立面向未來的新型合作夥伴關係，符合兩國和兩國人民根本利益，規劃出兩國關係發展的美好藍圖，也將為世界和平發展注入正能量。

作者為中國國際問題研究院國際戰略研究所副所長
原刊於《人民日報海外版》（2017年4月7日第1版）

中哈關係的三重示範意義

寇思瑞

　　應哈薩克共和國總統納紮爾巴耶夫邀請，中國國家主席習近平對哈薩克斯坦進行國事訪問。這也是習主席第三次訪問哈薩克，第十六次同納扎爾巴耶夫總統會晤。毫無疑問，此訪將為中哈全面戰略夥伴關係邁入新階段提供新的動力。

　　中哈友好關係有著牢靠的合作基礎，目前雙邊關係高速度、高水準發展，雙方合作範圍不斷拓展，合作深度不斷加強，各領域合作都取得了前所未有的成果，在諸多方面都具有十分重要的示範作用和意義。

　　第一，中哈關係是中國與周邊國家發展合作共贏新型國際關係的範例。中國和哈薩克從睦鄰夥伴關係、戰略夥伴關係發展成為全面戰略夥伴關系，在經濟合作、軍事信任、國際秩序等方面密切合作。哈薩克是中國重要的油氣進口來源國之一，而中國是哈薩克第一大交易夥伴。雙方在經濟結構上具有高度的互補性。在共同打擊恐怖主義、跨境水資源利用與保護等非傳統安全方面也進行了許多卓有成效的合作。中哈關係已經成為中國與周邊國家「好鄰居、好夥伴、好朋友」關係的範例。

　　第二，中哈關係對「一帶一路」框架下國家發展規劃對接具有示範意義。中哈兩國領導人認為「一帶一路」建設和哈薩克「光明之路」新經濟政策相輔相成，雙方將以此為契機進一步加強產能與投資合作。二〇一六年，中哈兩國政府簽署了《「絲綢之路經濟帶」建設與「光明之路」新經濟政策對接合作規劃》，總投資兩百六十多億美元的五十一項產能合作投資專案開始實施，給兩國人民帶來了實實在在的利益。這種合作將彰顯「一帶一路」倡議落地所產生的實際意義，並能夠為更多國

家在參與和建設「一帶一路」方面提供參考和借鑑。

第三，中哈關係也成為南南合作、區域合作和新型國際關係的一個範例。中國和哈薩克將在包括上海合作組織、亞信框架和亞投行等框架內互相支援、共同推動區域合作的進程。從國際關係理念的角度來說，中國與哈薩克弘揚並踐行「互信、互利、平等、協商、尊重多樣文明、謀求共同發展」的「上海精神」，而雙方的共同目標是共建中哈命運共同體和利益共同體。

總的來說，中哈關係已經成為「一帶一路」框架下國家間政治上友好相處、發展上相互對接、國際上互相支援的新型國際關係範例，對促進區域的繁榮穩定、世界和平與發展、打造命運共同體具有重要示範意義。

作者為中國人民大學中國海外安全研究所研究員
原刊於《人民日報海外版》（2017年6月9日第1版）

堅持「一國兩制」，推進祖國統一

「一國兩制」具有強大生命力

任成琦

　　如何評價香港回歸祖國二十年來「一國兩制」的實踐？任何尊重事實的人都會說，今天「東方之珠」風采依然，「一國兩制」在香港成功落實。中央對推進「一國兩制」實踐有堅定信心和決心。

　　無論一九九八年亞洲金融風暴，抑或二〇〇三年「非典」肆虐，還是二〇〇八年國際金融危機，每當香港遭遇困難和挑戰，中央政府總是在關鍵時刻義不容辭地出手相助，幫助香港遇難呈祥，轉危為機。鮮活的事實，讓西方對「一國兩制」、對香港的一些悲觀預言落空。如同國家主席習近平近日在參觀香港回歸祖國二十週年成就展時所強調的，香港特別行政區實現各項事業全面發展，取得世所公認的成就，彰顯出「一國兩制」強大的生命力。

　　然而，「一國兩制」事業沒有現成的經驗可循，在前進的道路上不可避免會遇到各種新情況和新問題。過去幾年間，香港社會也出現了不和諧的音符，違法「占中」、旺角暴亂、辱國「宣誓」等鬧劇先後上演。香港有一小部分人把「兩制」與「一國」分割開來，只稱民主，不講法治，只講「國際慣例」，不講法律依據，把香港特區的高度自治權與中央的管治權相對立，把香港同胞與內地人民之間的關係來離間。這些事件和問題最終都得到依法處理，恰恰說明「一國兩制」本身是有強大生命力的，是有制度韌性的，是歷久彌堅的。

　　過去二十年的實踐已充分證明，深入推進「一國兩制」實踐是實現香港長期繁榮穩定的必然要求，符合國家和民族根本利益，符合香港整體和長遠利益。習近平主席在回歸成就展上的談話意味深長——「一國

兩制」不僅是解決歷史遺留的香港問題的最佳方案，也是香港回歸後保持長期繁榮穩定的最佳制度安排。「最佳」兩字，一錘定音，一切懷疑、否定「一國兩制」的聲音可以休矣。

黨的十八大以來，針對香港的新情勢，以習近平同志為核心的黨中央提出了一系列新論述，強調中央對港政策不會變、不動搖，從立規矩、制度化層面強化依法治港，加大對香港的支持，進一步體現了對「一國兩制」初心的堅守。

要確保「一國兩制」在香港的實踐不走樣、不變形，關鍵是要做到三個「有機結合」，即把堅持一國原則和尊重兩制差異、維護中央權力和保障特別行政區高度自治權、發揮祖國內地堅強後盾作用和提高香港自身競爭力有機結合起來，任何時候都不能偏廢。只有這樣，才能把路走對走穩，否則就會左腳穿著右腳鞋——錯打錯處來。

作為一項新生事物，「一國兩制」需要在實踐中不斷探索、開拓前進。隨著國家不斷深化改革開放，隨著「十三五」規劃、「一帶一路」倡議、亞投行、粵港澳大灣區城市群建設等一系列規劃推進，香港將會獲得更多發揮「一國兩制」優勢的機遇，獲得源源不絕的發展動力。

二十載光陰如梭，香港走過坦途也經歷波折。廣大香港同胞愈加明白，對「一國兩制」不忘初心、保持耐心、堅定信心，正是確保繁榮穩定、創造美好未來的關鍵所在。「祖國好，香港好」，「香港是我家，祖國是我根」，樸實無華的表達，傳遞出守望相助的深情。「拋開區分求共對，放開彼此心中矛盾，理想一起去追。」香港人引以為傲的「獅子山精神」，不也正是「一國兩制」共存共贏的最佳寫照嗎？

作者為本報編輯
原刊於《人民日報海外版》（2017年6月29日第1版）

中央始終是香港發展的堅強後盾

吳亞明

中共中央總書記、國家主席、中央軍委主席習近平六月二十九日中午乘專機抵達香港，出席將於七月一日舉行的慶祝香港回歸祖國二十週年大會暨香港特別行政區第五屆政府就職典禮並視察香港。廣大香港同胞歡欣鼓舞、倍感榮耀，認為習主席香港之行，充分體現了中央政府和祖國內地對香港的真摯關懷和大力支持，充分體現中央始終是香港發展的堅強後盾。

從回歸祖國的那一刻起，香港的命運就更加緊密地同祖國的命運聯繫在一起。過去二十年，越來越多的香港同胞明白了「國家好，香港好；香港好，國家更好」的道理。回首前塵，從一九九八年亞洲金融風暴，到二〇〇三年「非典」疫情，再到二〇〇八年國際金融危機，每當香港遇到困難，中央政府就會及時伸出援手，出臺並實施《內地與香港關於建立更緊密經貿關係的安排》、內地居民赴港「個人遊」等一項又一項「挺港」「惠港」政策，幫助香港渡過難關、應對挑戰、抵禦風險。「獅子山觸得到長城，血脈裡感應，和諧靠你賦予生命……」一首《始終有你》，道出香港同胞對國家的感念和感懷。

與此同時，中央始終將香港放在心上，不斷在更寬領域、更高層次、更多機制上為香港發展創造新的機遇和動力。國家「十二五」規劃港澳部分首次獨立成章，從國家整體戰略的高度，為香港提供了新的寶貴機遇和發展空間。在國家「十三五」規劃綱要中，港澳部分再次單獨成章，突出支持香港在國家對外開放中的地位和功能，進一步支持深化香港與內地的合作交流，顯示中央既對香港高度關心，也對香港寄予厚

望。

全世界都在搶搭中國發展的快車。在設計「一帶一路」願景與行動時，中央把支持香港參與和助力「一帶一路」建設作為重要的政策取向，重視香港在「一帶一路」建設中可以發揮的區位、先發、服務業專業化和人文等四個獨特優勢和重要作用。粵港澳大灣區城市群建設藍圖的擘畫和實施，則將為香港未來發展「插上翅膀」，香港在資金、人才、專業服務、國際聯繫等方面的優勢將得到充分發揮。

二十年來，國家發展為「香江傳奇」打下堅實基礎，香港為國家改革開放作出獨特貢獻。展望未來，中央將一如既往支持香港發展經濟、改善民生。相信新一屆特區政府能夠團結帶領廣大香港同胞，在「一國兩制」方針正確指引下，結合「國家所需、香港所長」，主動對接國家發展戰略，進一步謀劃和推進香港長遠發展，共同開創香港更加美好的明天。背靠祖國，面向世界，東方之珠將以新的姿態繼續閃耀在世界舞臺。

作者為本報高級編輯

原刊於《人民日報海外版》（2017年6月30日第1版）

習近平談話為香港未來發展指明方向

吳亞明

　　七月一日，中共中央總書記、國家主席、中央軍委主席習近平在慶祝香港回歸祖國二十週年大會暨香港特別行政區第五屆政府就職典禮上發表重要談話，並對今後更好在香港落實「一國兩制」提出四點意見，得到海內外輿論的高度關注和積極評價。

　　習近平談話全面總結了香港特區實踐「一國兩制」的豐碩成果，深刻揭示了香港特區繁榮穩定進步的內在原因，堅定了香港社會各界對「一國兩制」的信心，並為香港社會全面準確理解和貫徹「一國兩制」，更好地維護國家主權、安全、發展利益，保障香港繁榮穩定和不斷發展前行指明了方向。

　　習近平強調，始終準確把握「一國」和「兩制」的關係。習主席談話旗幟鮮明、切中肯綮。「一國兩制」構想的提出，首先是為了實現和維護國家的統一；中國對香港恢復行使主權，是恢復行使包括管治權在內的完整主權，中央對香港特區擁有全面管治權。「一國」是「兩制」的前提和基礎。在「一國兩制」具體實踐中，必須牢固樹立「一國」意識，堅守「一國」原則，正確處理特別行政區和中央的關係。對於這個問題的認識，事關「一國兩制」實踐的大方向，事關建設一個什麼樣的香港特區的大目標，決不能有半點模糊、猶疑和動搖。

　　習近平強調，始終依照憲法和基本法辦事。習主席談話高屋建瓴、針對性強。依法治港是全面依法治國的應有之義，依法治港首先是依照

憲法和基本法治港。中國對香港恢復行使主權，標誌著香港的憲制基礎和法律地位發生了根本性改變。作為國家根本大法的憲法和根據憲法制定的香港特區基本法，共同構成了香港特區政權架構、政治運作、社會治理體系的憲制基礎。只有堅定維護以憲法和基本法為基礎的香港特區憲制秩序，才能確保香港的長期繁榮穩定。

習近平強調，始終聚焦發展這個第一要務。習主席談話語重心長、鼓舞人心。香港的生命力在於經濟社會發展，發展是永恆的主題，是香港的立身之本，也是解決香港各種問題的金鑰匙。這是金科玉律。對香港來說，應該立足當下，謀劃長遠。中國的發展是世界的機遇，首先是香港的機遇。香港應該緊緊抓住國家發展機遇，主動對接國家發展戰略，發揮香港所長、服務國家所需、壯大整體實力。

習近平強調，始終維護和諧穩定的社會環境。習主席談話內涵豐富、情真意切。俗話說「家和萬事興」，無論是發展經濟、改善民生，香港都需要有一個穩定和諧的社會環境，這是廣大香港市民的根本利益所在。我們很高興地看到，穿越風風雨雨，目前香港社會各界普遍厭倦政治爭拗，希望集中精力務實解決經濟民生問題，像《獅子山下》所唱的那樣，「放開彼此心中矛盾，理想一起去追」。

有偉大祖國作為堅強後盾，有中央政府和內地人民的大力支持，有回歸二十年積累的豐富經驗和夯實的發展基礎，有香港特別行政區政府和社會各界人士的團結奮鬥，「一國兩制」在香港的實踐一定能夠再譜新篇章，香港一定能夠再創新輝煌！

作者為本報高級編輯
原刊於《人民日報海外版》（2017年7月2日第1版）

續寫獅子山下新傳奇

任成琦

　　國家主席習近平在香港特區第五屆政府就職典禮上，對新一屆特區政府提出希望：「要與時俱進、積極作為，不斷提高政府管治水準；要凝神聚力、發揮所長，開闢香港經濟發展新天地；要以人為本、紓困解難，著力解決市民關注的經濟民生方面的突出問題，切實提高民眾獲得感和幸福感；要注重教育、加強引導，著力加強對青少年的愛國主義教育，關心、支持、幫助青少年健康成長。」這些希望，語重心長，切中肯綮。

　　凡事皆有綱，綱舉目乃張。香港未來發展的「綱」在哪裡？當然在「一國兩制」四字上面。因為「一國兩制」是歷史遺留的香港問題的最佳解決方案，也是香港回歸後保持長期繁榮穩定的最佳制度安排，是行得通、辦得到、得人心的。

　　對香港普通民眾來說，香港實行「一國兩制」成功與否，最重要的驗證就是「繁榮穩定」，因為它跟每一個港人的利益切實相關。習主席說，發展是永恆的主題，是香港的立身之本，也是解決香港各種問題的金鑰匙。一旦手握金鑰匙，何愁前方門不開？全心全意謀發展，既是擦亮香港這顆南海明珠的不二法門，也是踐行、深化「一國兩制」的必然要求。

　　當前，「一國兩制」在香港的實踐遇到一些新情況新問題。思考現在、謀劃未來，更要強調始終依照憲法和基本法辦事。維護香港法治，有利於為發展保駕護航，有利於避開「泛政治化」的旋渦，抵消人為製造對立、對抗的負面效應。「和氣致祥，乖氣致異。」香港雖有不錯的

家底，但在全球經濟格局深度調整、國際競爭日趨激烈的背景下，也面臨很大的挑戰，經不起折騰和內耗。法治與發展一樣，是香港未來行穩致遠的保證。

夯實法治基石，必然要求加強香港社會特別是公職人員和青少年的憲法和基本法宣傳教育。二十年來，香港特區政府和各界愛國愛港人士做了大量工作，營造「人心回歸」的有利環境。尤其帶領青少年走進內地，觸摸歷史，瞭解中國文化，認識自己的國家和民族。實踐證明，這樣做是有效果的。「一國兩制」下國民意識的培養、國家觀念的增強，是未來香港社會的必做答卷。

在風雲變幻的國際競技場上，香港手裡握有一副好牌是事實，但「逆水行舟，不進則退」。單打獨鬥實不明智，用香港俗語講，不能「塘水滾塘魚」，而要看到內地廣闊如大海。在經濟發展的快車上，國家已為香港預留了座位，關鍵就看香港能不能有效對接，從而在參與和助力國家發展戰略的過程中實現自身更大的發展。下一步，「一帶一路」建設、粵港澳大灣區建設、人民幣國際化等，都是香港持續發展不可錯過的「東風」。

習主席視察香港時明確表示，此行要點之一就是「謀劃未來」。對香港全社會而言，在回歸祖國二十週年之際都應該思考，香港未來怎麼走？習主席已經在講話中明確給出了方向。新任行政長官林鄭月娥面對媒體也清晰描繪了未來的香港——一座人人安居樂業的優質城市。

展望未來，香港更應該堅定信心。這些年中央領導每次赴港視察講話，都會指明方向，鼓舞信心。因為信心比黃金還重要。除了信心，對香港的未來進步也要有耐心。畢竟，從「春種一粒粟」到「小荷才露尖尖角」，再到「如竹苞矣，如松茂矣」，事物的發展和持續壯大需要一個過程。所有這些都要綿綿用力、久久為功。行穩方能致遠。香港已經取得了輝煌的成就，只要團結一致、不懈努力，保持信心、耐心，未來

必將續寫獅子山下發展新故事、繁榮新傳奇！

作者為本報編輯

原刊於《人民日報海外版》（2017年7月3日第1版）

期待香港收穫更美好的五年

張慶波

　　本屆香港特區政府首份施政報告於十月十一日公布，行政長官林鄭月娥表示「如釋重負」，香港市民心裡也豁亮了起來。四萬九千餘萬字、兩百五十一項新舉措、四百六十九項持續推進的工作，承載著期望與承諾，突顯著決心與擔當，新一屆特區政府正努力用一次新的開始，為香港擘畫一個新的未來。

　　誠意滿滿、乾貨十足，從林鄭月娥在立法會上發表的施政報告中，人們感知到它的熱量與分量。良好管治從「心」開始、多元經濟齊頭並進、改善民生無微不至、與青年同行有章有法，政府新角色、理財新哲學從理念化為舉措，由現實指向未來，一份兼具方向與方法、透射近景與遠景，指出問題又給出答案的施政報告，讓人聽出了「有心」、看到了「有力」，怎會不因其務實而感到踏實，不因其用心而感到貼心？

　　人們可以感受它的溫度。施政報告堅持以人為本，殷切關注民生，大到著力解決住房難問題，梯次應對人們的置業訴求，推出「港人首置上車盤」計畫，小到關照人們生活起居，給學校提供「空調設備補貼」、為市民發放公共交通費用補貼、延長男士法定待產假日。讓人們重燃置業希望、舒緩生活憂苦，報告裡有赤忱的為民情懷。

　　人們可以體會它的決心。「志不求易，事不避難」，施政報告直面香港社會經濟民生方面老大難問題，沒有躲閃回避，而是積極應對。經濟發展有瓶頸，就從發展創新科技、創意產業等新興產業來實現突破；土地供應跟不上，就整合各方資源；中小企業生存困難，就把稅率降得更低。迎難而上、不懼挑戰，報告裡有強烈的擔當意識。

人們可以發現它的創新。施政報告提出，香港經濟增長可以更快，人口老齡化不是負擔，上萬億的財政儲備可以用得更好，與青年同行的承諾絕不是嘴上說說——成立「創新及科技督導委員會」「人力資源規劃委員會」「青年發展委員會」……一個理念跟著一項舉措，一項舉措跟著一個機制，關注了熱點，給出了亮點，報告裡有濃厚的創新精神。

好的施政報告，需要切實執行。發表施政報告，是新一屆特區政府成立一百天後交出的一份答卷，也是發給自己未來一年乃至五年的一份問卷。中共中央總書記、國家主席、中央軍委主席習近平在香港特別行政區第五屆政府就職典禮的講話中指出，「滿足香港居民對美好生活的期待，繼續推動香港各項事業向前發展，歸根到底是要堅守方向、踩實步伐，全面準確理解和貫徹『一國兩制』方針」。特區政府將擔負起習近平的殷殷重托，在未來五年把香港建設得更好，把這份試卷捧在手裡、記在心上，與香港市民同心戮力，努力答好。

「雲散月明誰點綴？天容海色本澄清。」新一屆特區政府成立以來，已經展現出新風采、新氣象，向好的勢頭在鞏固，前行的步履更堅實。撥去香港社會表面或有的嘈雜與浮雲，聚心會神搞建設，握緊發展這把「金鑰匙」，香港的明天會更美好，「一國兩制」的事業將更壯闊。

作者為本報編輯

原刊於《人民日報海外版》（2017年10月12日第1版）

共享祖國繁榮富強的偉大榮光

任成琦

習近平總書記在中共十九大報告中指出，「要讓香港、澳門同胞同祖國人民共擔民族復興的歷史責任、共享祖國繁榮富強的偉大榮光」。這句話字裡行間凝聚著黨中央對港澳同胞的殷切關懷、支持和信任，立意高遠、語重心長，具有極強的感召力。

共擔責任、共享榮光，這種美美與共，能讓港澳同胞增加民族認同和國家認同，像石榴籽一樣更加緊密地團結在祖國大家庭中。「獅子山觸得到長城，血脈裡感應。」中華民族偉大復興的中國夢，不僅僅是內地人民的夢，也是包括港澳同胞在內的全體中華兒女共同的夢想。

這種美美與共，是與過去一脈相承的。港澳在國家改革開放初期和現代化建設中具有特殊而重要的作用，港澳與國家早就形成風雨同舟、榮辱與共的緊密關係。回歸祖國後，它們重新納入國家治理體系，融入國家發展大局，共享祖國發展戰略機遇期，共同抵禦金融危機、「非典」等多重風險，已經走上了優勢互補、共同發展、永不分離的寬廣道路。

這種美美與共，是與新時代「一國兩制」行穩致遠的基本方略相輔相成的。共擔、共享有一個前提，那就是必須堅持愛國者為主體的「港人治港」「澳人治澳」，發展壯大愛國愛港愛澳力量，增強香港、澳門同胞的國家意識和愛國精神。否則，美美與共就成了無源之水、無本之木。

如何實現美美與共？十九大報告提出了明確路徑：要支持香港、澳門融入國家發展大局，以粵港澳大灣區建設、粵港澳合作、泛珠三角區域合作等為重點，全面推進內地同香港、澳門互利合作。報告通過描繪

和展現國家發展的一幅幅優美藍圖，為港澳同胞同築中國夢指明了方向。港澳同胞要搭上這輛「車」、快上這輛「車」，與內地同胞一起乘這輛「車」奔向新目標、新征途、新天地。

民齊者強，上下同欲者勝。在融合發展的快車道上，要避免港人常說的「塘水滾塘魚」思維，要提升視野算大賬，撲下身子主動匯入祖國發展的洪流大潮中。港澳可以發揮內地城市無可替代的獨特作用，譬如助推內地實施「走出去」戰略；利用自己熟悉全球營商環境的優勢，幫助內地企業在全球範圍內整合資源、開拓市場；利用香港金融、法律、會計等優勢，幫內地培養所需專業人才；等等。

智者創造機會，而不僅僅是等待機會。未來，港澳只要繼續堅持「一國」之本、善用「兩制」之利，從「國家所需」角度挖掘「自身所長」，就一定能在國家不斷走近世界舞臺中心的新時代，為民族復興盡責，為繁榮富強盡力，與國家實現雙贏。

凡是過去，皆為序章。展望未來，揚帆遠航。習近平總書記所作的報告是中國邁向新時代、開啟新征程、譜寫新篇章的政治宣言和行動綱領。目標已經明確，道路已經清晰，港澳同胞在洋溢著光榮與夢想的新征程中，一定大有可為、大有作為！

作者為本報編輯
原刊於《人民日報海外版》（2017年10月21日第1版）

新時代書寫香港新篇章

張慶波

　　五次提及港澳、三處展開論述、十六次出現「香港」字眼、七百多字闡明「一國兩制」，十九大報告以創下歷屆黨代會報告之最的又一面，宣告著香港與國家一起，已經步入新時代，開啟新征程。香港向上看、向前走，昂首闊步，前景光明。

　　新時代屬於香港。「經過長期努力，中國特色社會主義進入了新時代，這是中國發展新的歷史方位。」十九大報告作出的重大戰略判斷，讓全國振奮。標注新時代的，是五年來國家取得的歷史性成就、實現的歷史性變革；新時代的一個注腳，是五年來港澳工作取得新進展、香港保持繁榮穩定。新時代是全中國的新時代，包括香港；它屬於每一個中國人，包括每一個香港同胞。分析十九大報告，研究它的結構與篇幅，能看到香港的分量更重了；解讀十九大報告，研究它的精神與舉措，能望見香港的前程更廣闊。總結成績時，衷心感謝香港同胞；明確方略時，「一國兩制」濃墨重彩；繪製藍圖時，南海明珠鑲嵌其上。過去，祖國珍視香港，為香港喝彩；新時代，祖國高看香港，攜香港騰飛。「共享祖國繁榮富強的偉大榮光」，新時代屬於香港。

　　新時代需要香港。「保持香港、澳門長期繁榮穩定，實現祖國完全統一，是實現中華民族偉大復興的必然要求。」十九大報告確立的新的指導思想，定義了香港發展新的使命。同心共築中國夢，需要香港力量；實現中華民族偉大復興，需要香港續寫繁榮。夢想召喚，使命催徵，香港需要促進社會和諧、跨越發展屏障、保障和改善民生。維護中央對香港特別行政區全面管治權，融入國家發展大局，壯大愛國愛港力

量，政府積極作為、社會戮力同心，不驕不躁不折騰、向上向好向前看，高度自治才能發揮最大優勢，經濟民生才能浴火重生，新時代香港才能鑄就新氣象。「共擔民族復興的歷史責任」，新時代需要香港。

新時代成就香港。「實現中華民族偉大復興，是全體中國人共同的夢想。」十九大報告繪就的藍圖，照亮了香港的光明前景。「一國兩制」方針不會變、不動搖，「一國兩制」實踐不變形、不走樣，「二〇四七」不是生死線。支持香港融入國家發展大局，全面推進內地同香港互利合作，制定完善便利香港居民在內地發展的政策措施，實現「兩個一百年」奮鬥目標路上，國家拉著香港。把人民對美好生活的嚮往作為奮鬥目標，逐步實現全體人民共同富裕，覆蓋每一個香港同胞，造福每一個香港同胞。在中華民族偉大復興的壯闊征程中，香港夢融入中國夢，中國夢點燃香港夢，新時代必將成就香港。

闊步新時代，需要新思想指引。十九大確立習近平新時代中國特色社會主義思想為全黨全國各族人民為實現中華民族偉大復興而奮鬥的行動指南，香港也須一體遵循。「歷史只會眷顧堅定者、奮進者、搏擊者」，有新思想指引，香港與國家才能同頻共振奏響新時代之歌；有新思想感召，香港與國家才能步調一致跳出新時代之舞；有新思想激勵，香港與國家才能砥礪前進共同抵達美好未來。「同心創前路」，借用特區政府為慶祝香港回歸二十週年選定的這句口號，其「同心」既應是七百三十萬香港同胞的同心，也應是包括香港同胞在內十三億多中國人民的同心。

「日新之謂盛德。」由十九大始，在黨和國家的重視和關懷下，在全國人民的支持和幫助下，香港吃下「定心丸」，「終日乾乾，與時偕行」，在新時代整裝上路再出發，必能續寫新的傳奇篇章。

作者為本報編輯

原刊於《人民日報海外版》（2017年11月6日第1版）

兩個「絕對」嚴正警告「臺獨」

王 平

「中國人民和中華民族有一個共同信念，這就是：我們偉大祖國的每一寸領土都絕對不能也絕對不可能從中國分割出去！」十三屆全國人大一次會議閉幕會上，習近平總書記講完這句話，全場掌聲雷動。

二〇一八年春天，中國大陸站在新的歷史起點上，擡頭已可望見中華民族偉大復興的曙光，臺灣島內的「臺獨」分裂勢力卻仍賊心不死，明裡暗裡動作頻頻。習近平這段話，是對維護國家領土安全的莊嚴宣示，也是對各種分裂勢力尤其是「臺獨」的嚴正警告。

「絕對不能」表達的是堅定的意志。近代中國積貧積弱被迫割土失地，是中國人心頭揮之不去的痛。維護國家領土主權完整，是全體中華兒女共同願望，是中華民族根本利益所在，中國人民絕不容忍國家分裂的歷史悲劇重演。

「絕對不可能」代表的是信心和底氣。當大陸躍居世界第二大經濟體，當久經磨難的中華民族迎來從站起來、富起來到強起來的偉大飛躍，兩岸綜合實力日趨懸殊、雲泥分判之時，「臺獨」圖謀得逞的可能性早已為零。中國人民有充分的信心、足夠的能力挫敗一切分裂國家的圖謀。

民進黨上臺以來，拒不承認「九二共識」，破壞兩岸交流交往的政治基礎，致使本已春暖花開的兩岸關係再度冰封。民進黨當局不放棄「臺獨」立場，放任縱容「去中國化」「漸進臺獨」，阻撓、限制兩岸交流合作，妄圖削弱、割斷臺灣同大陸的政治、經濟和歷史文化聯繫。島內各種「急獨」勢力動作頻頻，竭力鼓噪推動所謂「正名」「制憲」。

與此同時，一些外部勢力趁機大打「臺灣牌」，力圖「挾臺灣而遏大陸」。

「臺獨」分子顯然誤判了形勢，以為有「綠色執政」的庇護就可關起門來胡作非為，以為有外部勢力的撐腰打氣就可挾洋自重賣身求榮。大陸決不容忍「法理臺獨」分裂行徑，決不會坐視「漸進臺獨」侵蝕和平統一的基礎，堅決反對外部勢力在臺海興風作浪。在民族大義和歷史潮流面前，一切分裂行徑和伎倆都將註定失敗，都會受到人民的譴責和歷史的懲罰。

儘管臺海局勢嚴峻複雜，大陸仍將堅持一貫對臺大政方針，堅持一個中國原則，堅持「九二共識」，推動兩岸關係和平發展，擴大兩岸經濟文化交流合作，同臺灣同胞分享大陸發展的機遇，增進臺灣同胞福祉，促進兩岸同胞心靈契合，推進祖國和平統一進程。

大陸近期推出促進兩岸經濟文化交流三十一條措施，在臺灣社會收穫好評。島內一系列民調顯示，民進黨執政近兩年以來，臺灣民眾支持統一、反對「臺獨」，願意到大陸發展的人數比例呈明顯上升趨勢。公道自在人心。廣大臺灣民眾終將看清，誰真心為臺灣好，誰又在人為製造仇恨的藩籬禍害臺灣。

人心所向，天命所歸。國家統一是中華民族走向偉大復興的歷史必然。臺灣的前途繫於國家統一，臺灣同胞的福祉繫於中華民族的強盛。為了兩岸共同福祉，為了中華民族能早日實現偉大復興，兩岸同胞理應攜手同心，順應歷史大勢，共擔民族大義，一起推動兩岸和平統一進程，共圓中國夢。

作者為本報主任編輯

原刊於《人民日報海外版》（2018年3月23日第1版）

臺當局別總揣著明白裝糊塗

任成琦

　　國臺辦主任張志軍五月八日表示，臺灣參與世界衛生大會（WHA）必須堅持體現一個中國原則的「九二共識」。由於去年「五・二〇」以來臺灣當局拒不接受「九二共識」，因此臺灣出席WHA的前提和基礎就不復存在。

　　話說到這個份上，已經再明白不過。第七十屆WHA網路報名八日截止，世衛組織的邀請函，成了民進黨當局巴望半天卻永遠盼不來的信件。這事怪不得別人。臺灣地區前領導人馬英九曾明確表示，兩岸就共同的政治基礎達成一致意見，是臺灣二〇〇九年後能夠參加WHA的主因。

　　去年「五・二〇」民進黨上臺後，迄今拒不承認「九二共識」和兩岸同屬一個中國的核心意涵，破壞了兩岸關係的共同政治基礎，導致兩岸聯繫溝通機制停擺。皮之不存，毛將焉附？之前有臺媒就篤定地稱，出席WHA一事黃了已是「圈內普遍看法」。如今被拒之門外，實在是意料之中。連外界都看明白的事，民進黨當局豈會不知？

　　但臺當局就是一副癡心不改的「糊塗」樣，戲份做得很足。又是秉持所謂「不容樂觀、絕不悲觀」的態度，積極爭取全力以赴；又是提出所謂「新情勢、新問卷、新模式」的「三新」論述，試圖擠牙膏一樣擠出一點點「善意」。可惜熱熱鬧鬧擠了半天，卻發現裡面是個三心二意的空殼：好話堆積一籮筐，不過是想掙脫「九二共識」這個緊箍咒。

　　想想去年最後一刻搭上世衛大會末班車，臺當局心裡肯定不是滋味。去年WHA邀請函上新增聯合國二七五八號決議文及一個中國原則

等文字，本來是度人的金針，卻被「臺獨」勢力看成了「票房毒藥」。今年好了，連被「矮化」的機會都沒有了。

「勇闖」「國際空間」卻處處受限，臺當局領導人蔡英文身上的壓力可想而知。近些日子她九度在推特發文，向國際喊話稱，不應以任何理由排除臺灣參加WHA，云云。她不是看不到，「九二共識」、兩岸一中已經是國際社會的主流共識。從世界鋼鐵大會和「金伯利進程」會議上臺灣代表被趕出會場的一幕幕，到參加第三十九屆國際民航組織大會、第八十五屆國際刑警組織大會和《聯合國氣候變化框架公約》締約方大會都接連遭拒的一樁樁，民進黨當局應該反躬自省，為何一輪到自己上臺執政，臺灣就一事無成？

有臺媒提醒說，臺當局應思考，WHA去不了，臺灣將來的策略是什麼？臺外事部門負責人說，如果沒有收到邀請函，就會「有行動」。問題是，臺當局刷存在感的招數大家都心知肚明。除了接二連三發發推特，也不外乎「老三樣」——場外設攤鬧鬧場子，求助「友邦」找找「外援」，訴諸打壓轉移焦點。說來說去，民進黨當局雖然在參會問題上作出了許多「努力」，卻未觸及問題的關鍵。不是不知道關鍵，是想不想抓住關鍵。未來只有從改善兩岸關係、構建共同政治基礎、通過兩岸對話協商作出適當安排，才能解決臺灣參與WHA及其他國際活動的問題。

捨棄這個「通關密碼」，就要繼續撞南牆。如果還揣著明白裝糊塗，撞了南牆不回頭，那就只能頭破血流。

作者為本報編輯
原刊於《人民日報海外版》（2017年5月9日第1版）

臺灣當局應好好反省

吳亞明

　　中國外交部長王毅同巴拿馬副總統兼外長德聖馬婁六月十三日在北京簽署建交聯合公報，巴拿馬政府宣布承認世界上只有一個中國，臺灣是中國不可分割的一部分，巴拿馬即日斷絕與臺灣的「外交關係」。這一「重磅消息」，引起海峽兩岸和國際輿論的高度關注。毋庸置疑，中巴建交是兩國人民的共同願望，符合兩國和兩國人民的根本利益，體現了一個中國原則是人心所向、大勢所趨。

　　一如所料，面對「驚天巨變」，臺灣當局在驚慌失措的同時，又玩起了「推脫責任、製造悲情，煽動對抗」的老把戲，污蔑大陸「衝擊現狀，將兩岸由和平推向對抗」，威脅「將重新評估兩岸情勢」，「將全面檢視包括兩岸政策在內的政策」，還試圖綁架鼓動島內民眾「團結因應，一致對外」。殊不知，歷經一年多來民進黨的執政「夢魘」，許多臺灣民眾早已經看破臺灣當局的手腳，巴拿馬與臺「斷交」消息傳出，島內有識之士第一時間就表示，癥結在於臺灣當局沒有把兩岸關係處理好，民進黨和蔡英文才應該負最大責任。

　　確實如此。民進黨和蔡英文上臺一年多來，口口聲聲「維護兩岸關係現狀」，卻單方面背棄「九二共識」這一政治基礎，損毀了兩岸關係和平發展的重要根基，對於兩岸同屬一個中國這一事關兩岸關係根本性質的核心問題，始終不作回答。臺灣當局的所作所為，導致兩岸制度化交往機制停擺，導致兩岸關係和平發展良好勢頭受阻，導致兩岸關係和平發展方方面面成果受到衝擊。這就是巴拿馬與臺「斷交」的根源。對此後果，臺灣當局不應該倒果為因，搪塞質疑，應該深切反省，「撫心

私自問，何者是榮衰？」

　　大陸方面向來主張在一個中國原則的前提下，兩岸在涉外事務中應當避免不必要的內耗，以維護中華民族的整體利益。至於臺灣參與國際組織活動的問題，在不造成「兩個中國」「一中一臺」的前提下，可以通過兩岸務實協商，做出合情合理的安排。大陸方面是這麼說的，也是這麼做的。二〇〇八年至二〇一六年兩岸在涉外事務中的默契和互動，即為明證。在這期間，臺灣數度以「中華臺北」名義、觀察員身份參與世界衛生大會，曾經以「中華臺北民航局」名義、理事會主席客人身份列席第三十八屆國際民航大會……凡此種種，都是因為兩岸雙方堅持體現一個中國原則的「九二共識」，兩岸雙方有著良好的政治互信。

　　事實再次充分證明，「九二共識」是兩岸關係的定海神針。堅持「九二共識」政治基礎，兩岸關係和平發展道路就可以越走越寬。反之，如果這一基礎被破壞，兩岸關係就會重新回到動盪不安的老路上去。在兩岸同屬一個中國的大是大非問題上，態度容不得任何模糊。俗話說，「解鈴還須繫鈴人」。誠如國臺辦發言人馬曉光所指出的，只有承認「九二共識」，認同其兩岸同屬一中的核心意涵，兩岸關係才能重回和平發展的正確方向，臺灣當局應認清客觀大勢，做出明智抉擇。

作者為本報高級編輯

原刊於《人民日報海外版》（2017年6月14日第1版）

中國史「被消失」，臺當局其心實可誅！

任成琦

　　蔡英文當局執政以來，經常把「維持現狀」「不挑釁」掛在嘴邊，但從「去孫（中山）化」「去鄭（成功）化」到修「法」嚴管退役將領赴大陸交流，小動作一直不斷。一年多來，臺外事部門使用「訪臺」字眼頻次遠高於「訪華」。在「七七事變」八十週年紀念日當天，當局幾乎沒啥動作。不出來紀念也就罷了，蔡英文竟然無視兩岸民眾感受，在社交媒體上用日文向日本表達「災情慰問」。更有甚者，蔡當局明目張膽修改高中教科書課綱，把中國史降格為「東亞史」的一部分。

　　清代學者龔自珍說：「滅人之國，必先去其史。」李登輝時期，課本教材中已有「去中國化」的苗頭。曾在陳水扁時期任臺「教育部長」的杜正勝，杜撰出一個「同心圓史觀」的歪論，號稱「以臺灣為中心」，從鄉土史、臺灣史、中國史、亞洲史到世界史，一圈圈地往外「認識世界」。陳水扁上臺後，「臺灣史」果真抽出來獨立成冊，與「中國史」和「世界史」並列。

　　如今蔡當局變本加厲，故意將島內愛鄉愛土的地域意識上升成「國族意識」，將「兩岸一中」的默契硬拗為「脫中」的意識形態，赤裸裸地讓學術和教育為其「國族建構」迷夢背書。民進黨和蔡英文上臺前，就在「太陽花學運」中完成了李、扁早期教育的收割。在嘗到「甜頭」之後，自然食髓知味，得寸進尺。至於中國歷史和中華文化在島內被自我閹割，有成為「失根的蘭花」之虞，也斷然在所不惜，真乃其心可誅！

　　值得警惕的是，近幾個月來，民進黨當局各種動作幅度越來越大。

有人說，蔡當局統一無量、明「獨」無膽，但從早先的「隱性臺獨」「柔性臺獨」，開始與具體「內政」作為結合，轉向「半遮面臺獨」。因懼怕大陸和外界強烈反制，就懷抱「維持現狀」「不挑釁」的「琵琶」，一邊彈奏自認為悅耳的空洞音調，一邊在施政中造成某些「獨」性十足的既定事實。

除了頑固的「臺獨」意識作祟，更是仗著執政權在手，蔡當局妄圖用「既定事實」做個硬氣樣子給大陸看，也給某些外部勢力一個遙相呼應的信號。畢竟，不承認「九二共識」，單方面破壞兩岸共同的政治基礎，臺灣在「對外空間」上面臨的壓力越來越大。再者，島內二〇一八年「九合一」選舉漸近，藍綠都在提早布局，面對內部壓力、對手壓力和民意壓力，民進黨當局需要鞏固基本盤，討好深綠。

可惜事與願違。最新民調顯示，蔡英文只有百分之十五點三的支持率，遠低於認可「兩岸一家親」的臺北市長柯文哲。民調反映民意，民眾最在意的是經濟，是日子好不好過。放著兩岸和平紅利不要，搞不利於經濟發展的「半遮面臺獨」難有足夠選票。再說，歷史和文化有其自身規律，並不會時時隨著政治操作起舞。當局磨刀霍霍，砍斫中華歷史文化這棵參天大樹時，快意是快意了，但切記「磨刀恨不利，刀利傷人指」。當詩人李白成了外國人，傳統的扯鈴（抖空竹）都是「統戰的工具」，怎會不成為外界笑談？

解鈴還須繫鈴人。不正本清源地解決根本問題，「維持現狀」的口號是騙，「去中國化」的作為也是騙，騙人騙己騙選票而已。筆者倒是要奉勸一句，搗鬼有術也有效，然而有限，以此成大事者「古今臺外」無有。說到底，拒絕「九二共識」燈塔的指引，「維持現狀」的航標載沉載浮，蔡當局難道非要化身那艘「泰坦尼克」，一意孤行地撞上民意的冰山嗎？

作者為本報編輯

原刊於《人民日報海外版》（2017年7月12日第1版）

「二‧二八」起義七十年之省思

吳亞明

　　七十年前的今天，臺北街頭的女煙販林江邁遭到緝私員警毆打，引爆了臺灣同胞反抗專制統治、爭取基本權利的正義行動，史稱「二‧二八」起義。「二‧二八」起義是中國人民解放鬥爭的重要組成部分，充分體現了廣大臺灣同胞的愛國主義光榮傳統。

　　七十年後的今天，回首前塵、省思歷史，我們更加清楚地明白一個道理，兩岸同胞雖然隔著一道海峽，但命運從來都是緊緊連在一起的。兩岸同胞應該攜手同心，堅決反對「臺獨」分裂，共同推動和平發展，致力民族復興偉業，這才是對「二‧二八」起義七十週年的最好紀念和對「二‧二八」起義先賢英烈的最好告慰。

　　作為全國人民反對國民黨暴政的重要組成部分，當年臺灣同胞的「二‧二八」起義，與大陸人民開展的反饑餓、反迫害、反內戰運動相互呼應，匯聚成了全國同胞愛國民主運動的巨大洪流，有力地配合了當時全國人民的解放戰爭。這就是「二‧二八」的歷史真相，這就是「二‧二八」的根本性質。

　　然而長期以來，島內「臺獨」分裂勢力，出於分裂國家的罪惡目的，蓄意歪曲「二‧二八」歷史事實，挑撥省籍矛盾，撕裂臺灣族群，製造社會對立。他們把愛國民主、爭取自由、反對國民黨獨裁專制統治的「二‧二八」起義歪曲成搞分裂、搞「臺獨」運動的開端，誣指「二‧二八」起義的先賢英烈是什麼「臺獨」運動的先驅。他們把「二‧二八」歷史事實當成「橡皮泥」隨意搓揉，把「二‧二八」當成「提款機」騙取選票。他們每年借紀念「二‧二八」之名，行政治鬥

爭、分裂分化之實。凡此種種，不一而足，其目的無非是要塑造所謂的「新國家認同」，建構所謂的「臺灣民族主義」，為「臺獨」分裂奠定社會基礎。他們的險惡用心和卑劣做法，自然遭到島內有識之士的強烈反對和批判。

「臺獨」分裂是兩岸關係的最大障礙，是臺海和平的最大威脅，是臺灣社會的最大禍害。「臺獨」謬論是對臺灣同胞愛國愛鄉情懷和當家做主意願的最大扭曲，是對臺灣同胞中華民族意識和中華文化認同的粗暴褻瀆，絕不是愛臺灣，而是害臺灣；絕不是臺灣之福，而是臺灣之禍。只有堅決反對「臺獨」分裂，促進兩岸關係和平發展，才能從根本上維護臺灣同胞的利益，創造兩岸同胞的共同福祉。這也是對「二·二八」起義七十週年的最好紀念。

兩岸同胞是血脈相連的命運共同體。民族強盛，是兩岸同胞之福；民族弱亂，是兩岸同胞之禍。實現中華民族偉大復興的中國夢，與兩岸同胞前途命運息息相關。當前，我們比以往任何時候都更加接近、更有能力實現這個偉大夢想。歷史不能選擇，但現在可以把握、未來可以開創。兩岸同胞應該攜手同心，致力於中華民族復興偉業。這也是對「二·二八」起義先賢英烈的最好告慰。

作者為本報高級編輯
原刊於《人民日報海外版》（2017年2月28日第1版）

新社會主義研究叢刊 AA201021

大國塑造

主　　編　人民日報海外版《望海樓》
　　　　　專欄
版權策畫　李煥芹

發 行 人　林慶彰
總 經 理　梁錦興
總 編 輯　張晏瑞
編 輯 所　萬卷樓圖書股份有限公司
排　　版　菩薩蠻數位文化有限公司
印　　刷　百通科技股份有限公司
封面設計　菩薩蠻數位文化有限公司

出　　版　昌明文化有限公司
桃園市龜山區中原街 32 號
電話 (02)23216565
發　　行　萬卷樓圖書股份有限公司
臺北市羅斯福路二段 41 號 6 樓之 3
電話 (02)23216565
傳真 (02)23218698
電郵 SERVICE@WANJUAN.COM.TW
大陸經銷　廈門外圖臺灣書店有限公司
　　　電郵 JKB188@188.COM

ISBN 978-986-496-548-9
2020 年 2 月初版
定價：新臺幣 400 元

如何購買本書：
1. 轉帳購書，請透過以下帳戶
　合作金庫銀行　古亭分行
　戶名：萬卷樓圖書股份有限公司
　帳號：0877717092596
2. 網路購書，請透過萬卷樓網站
　網址 WWW.WANJUAN.COM.TW
大量購書，請直接聯繫我們，將有專人為您
服務。客服：(02)23216565 分機 610

如有缺頁、破損或裝訂錯誤，請寄回更換

國家圖書館出版品預行編目資料

大國塑造 /人民日報海外版<<望海樓>>專欄
編. -- 初版. -- 桃園市：昌明文化出版；臺北
市：萬卷樓發行, 2020.02
　面；　公分. -- (新社會主義研究叢刊；
AA201021)
ISBN 978-986-496-548-9(平裝)

1.中國大陸研究　2.文集
　　　　574.107　　　　　　　　109002153

《中国塑造力》©簡體中文版 2018 年 5 月第 1 版　人民日報出版社
本著作物經廈門墨客知識產權代理有限公司代理，由人民日報出版社有限責任公司授權萬卷
樓圖書股份有限公司（臺灣）出版、發行中文繁體字版版權。